MUSCHELN
UND
MEERESSCHNECKEN

R. Tucker Abbott, PhD

KARL MÜLLER VERLAG

The Image Bank® ist ein eingetragenes Warenzeichen der
Image Bank Inc.
© by The Image Bank
© der deutschsprachigen Ausgabe: Karl Müller Verlag,
Danziger Str. 6, D-91052 Erlangen, 1994.

Alle Rechte vorbehalten.
Kein Teil des Werkes darf in irgendeiner Form (durch
Fotokopie, Mikrofilm oder ein ähnliches Verfahren) ohne die
schriftliche Genehmigung des Verlages reproduziert oder
unter Verwendung elektronischer Systeme verarbeitet,
vervielfältigt oder verbreitet werden.

Titel der Originalausgabe: Shells
Übertragung aus dem Amerikanischen: H.-J. Niederhöfer
Lektorat: Dieter Krumbach

Printed in Spain

ISBN 3-86070-451-6

Einleitung

Im Lande der Pharaonen wurde gesagt, daß die Götter von der Lebensspanne eines Menschen diejenigen Tage nicht abziehen, die er mit Muschelsammeln verbracht hat, und ein paar tausend Jahre später sagte Robert Louis Stevenson das gleiche nur mit anderen Worten: „Es ist vielleicht ein glücklicheres Schicksal, eine Ader für das Muschelsammeln zu haben, als ein Millionenerbe zu sein." Dies überrascht nicht, denn die Schalen von Meeresmuscheln und Schnecken wurden schon seit prähistorischen Zeiten begierig gesammelt, nicht nur wegen ihrer Form- und Farbschönheit, sondern auch als Hauptnahrungsquelle, als Dekorationsobjekte, als Rohstoff für Werkzeuge und sogar als eine primitive Form von Geld.

Diese immerwährende Suche des Menschen nach schönen Muschel- und Schneckenschalen begann am Rande des Ozeans und ist heute fast auf der ganzen Welt verbreitet. Die heute bekannten nahezu 80 000 verschiedenen Arten von Schnecken- und Muschelschalen können nicht nur in den sieben Weltmeeren gefunden werden, sondern ebenso in den Wipfeln der Bäume des tropischen Regenwaldes und in den entlegensten Winkeln der meisten Hinterhöfe.

Dadurch, daß heute viele Gebiete der Welt von einer durch den Menschen betriebenen, zügellosen Umweltzerstörung und -verschmutzung bedroht sind, ist wieder ein verstärktes Interesse an den Lebensformen in der Natur erwacht, insbesondere auch an Schalen von Schnecken und Muscheln.

Es gibt verschiedene Sorten von Schalen. Von Eier- und Nußschalen bis zu solchen, die Krabben und Hummer schützend einschließen. Schnecken- und Muschelschalen, wie wir sie gemeinhin kennen, sind harte Außenbedeckungen aus Kalk (Kalziumkarbonat), die vom Weichkörper der jeweiligen Schnecke und Muschel ausgeschieden werden. Die Gruppe (Tierstamm), zu der unter anderem diese schalenbildenden Organismen gehören, wird unter dem Namen Weichtiere (Mollusca) zusammengefaßt. Die Weichtiere haben im Gegensatz zu den anderen Wirbellosen Tieren (Invertebraten) ein besonderes Organ, das Mantel genannt wird. Der Mantel ist ein fleischiger Kragen, der reichhaltig mit Drüsen ausgestattet ist, welche flüssigen Kalk und Farbpigmente ausscheiden, und der letztendlich die harte, schützende Schale formt.

Wie alt können Weichtiere werden ?

Die Schale einer Auster, Venusmuschel oder das leere Gehäuse eines Tritonshornes, das man am Strand aufsammelt, ist lediglich das Ergebnis eines natürlichen Lebensweges, der mit einem mikroskopisch kleinen Ei begann, das von einem Samen befruchtet wurde und das über viele Monate oder sogar Jahre hinweg allmählich gewachsen ist. Die Form und die Farbe der Schale ist zum einen bedingt durch die Erbmasse, zum anderen hängt sie ab von der Art und Weise der Ernährung und den Umweltbedingungen.

Die Lebenserwartung eines Weichtieres kann variieren und reicht von knapp zwei Jahren im Falle der eßbaren Kammuschel *Argopecten irradians* bis zu annähernd hundert Jahren bei einer 150 Kilogramm schweren Riesen- oder „Mörder"-muschel (*Tridacna*) aus dem südwestlichen Pazifik. Das Rekordalter einer in einem deutschen Aquarium gezüchteten Süßwasser-Perlmuschel betrug einhundert Jahre, während die in Mitteleuropa häufige, eßbare Weinbergschnecke lediglich eine Lebenserwartung von ungefähr zehn Jahren besitzt. Die meisten der zur Gruppe der Wellhornschnecken und Tritonshörner gehörenden Meeresschnecken, die im flachen, küstennahen Wasser gefunden werden, haben eine Lebensdauer, die neun oder zehn Jahre nicht übersteigt.

Größe ist nicht notwendigerweise ein Hinweis auf hohes Alter. Beinahe drei Viertel aller bekannten Arten haben als erwachsene (adulte) Tiere noch eine Schale, die kleiner ist als zwei Zentimeter.

Tatsache ist, daß viele Meeres- und Landschnecken nie die Größe eines Reiskornes erreichen. Der größte und schwerste Vertreter unter den lebenden Meeresschnecken ist der „Kalifornische Seehase" (*Aplysia*), der eine Länge von nahezu einem Meter und ein Gewicht von beinahe zwanzig Kilogramm erreicht. Das Tier besitzt unter seinem Rücken nur eine kleine, flache, innere Schale. Das größte Schneckengehäuse besitzt die nordaustralische Riesen- oder Treppenschnecke (*Syrinx aruanus*), es kann eine Länge von über neunzig Zentimeter erreichen. Diese Schnecke lebt im Gezeitenbereich und ist dort relativ häufig, ihr Gehäuse wird von den Eingeborenen zum Leerschöpfen von leckgeschlagenen Kanus benützt.

Das Alter mancher Kamm- und Venusmuscheln kann aus den vorhandenen, oft dunkleren Anwachslinien der Schale gefolgert werden. Diese entstehen, ähnlich wie die Jahresringe bei den Bäumen, durch periodische Wachstumsstillstände. Die Unterschiede in der Färbung werden gewöhnlich durch den jahreszeitlichen Wechsel der Wassertemperatur erzeugt. Bei kalter Witterung stoppt das Wachstum, während in der warmen Jahreszeit oft ein kräftiges Schalenwachstum stattfindet.

Auf der Suche nach Nahrung

Zur Welt zu kommen ist für die meisten Weichtiere kein größeres Problem, dafür stellt bei ihnen das Überleben all der Gefahren und Hindernisse im Larval- und Jugendstadium die Hauptschwierigkeit dar. Das empfindliche Gleichgewicht der Natur verlangt eine strenge Auslese. Wenn alle Nachkommen von einer Auster überleben, erwachsen werden und fortfahren würden sich ohne Gefahr von außen über zehn Generationen hinweg fortzupflanzen, ergäbe dies einen Berg von der Größe der Erde. Es leuchtet ein, daß dies unmöglich ist. Glücklicherweise hat die Nahrungskette in den Weltmeeren seit Millionen von Jahren funktioniert. Der große Fisch frißt den kleinen Fisch, und der kleinste Fisch ernährt sich von noch kleineren wirbellosen Tieren, einschließlich den niederen Larvalformen und Eiern von Milliarden von Weichtieren.

Aber wie kommen die Weichtiere zu ihrer Nahrung und mit welcher für sie geeigneten Kost versorgen sie sich? Sie tun dies auf vielen Wegen und möglicherweise auf noch unterschiedlichere Arten als Vertreter aus anderen Tierstämmen. Viele sind ausgesprochene Pflanzen- oder Fleischfresser (Carnivore). Ebenso viele Allesfresser (Omnivore) sind bekannt, die sowohl mit Pflanzen als auch mit Fleisch vorliebnehmen. Es gibt auch einige Vertreter, die parasitisch auf oder in anderen Meerestieren leben. Die meisten Muscheln leben bodenbezogen und können sich nur langsam fortbewegen. Sie sind Filtrierer, die passiv mikroskopisch kleine Kieselalgen aus dem Meerwasser herausfiltern, während die meisten Schnecken wie auch die Tintenfische ihrer Beute aktiv nachstellen.

Raspel- oder Reibezähne

Alle Gruppen von Weichtieren, außer den Muscheln, besitzen ein Nahrungsorgan, das charakteristisch für den ganzen Stamm ist, die Radula. Die Radula oder Reibezunge setzt sich zusammen aus einem Satz winziger, aus Kieselsäure bestehender Zähne, die auf einem beweglichen Band sitzen, das als Raspel- oder „Schleck"-Organ zum Abbeißen der Nahrung benützt wird. Einige Schnecken benützen die Radula um Löcher in die Schalen von anderen Tieren zu bohren. Aristoteles war der erste, der die Funktion der Radula bei der Arbeit beschrieb. Wenn man einmal sorgfältig eine an der Glasscheibe eines Aquariums hochkriechende Schnecke beobachtet, so sieht man ihren Mund mit der Radula, die fortwährend an der Glasscheibe schleckt. Wenn man eine hungrige Nacktschnecke oder Weinbergschnecke auf seiner Hand hält, so fühlt man, wie sie den harmlosen Versuch unternimmt, an der Haut zu raspeln. Radula-Zähne sind nicht so hart wie

Glas, nur etwas härter als Fingernägel. Das Bohren durch harte Kalkschalen wird unterstützt durch eine kalklösende Flüssigkeit, die von speziellen Drüsen ausgeschieden wird.

Wenn man einmal die Radula-Zähne durch ein Mikroskop beobachtet, so stellt man fest, daß sie sich bei verschiedenen Schneckengruppen voneinander unterscheiden. Durch das Studium der Anzahl oder Reihen, des Umrisses und der Anordnung der einzelnen Radula-Zähne war es möglich, ein Klassifizierungsschema für marine Schnecken aufzustellen, das auf diesen Radula-Merkmalen basiert. Die Radula der Landlungenschnecken ist abhängig vom Nahrungsangebot, so daß Unterschiede hinsichtlich der Zähne nicht sehr zuverlässig für deren Identifikation sind.

Wie Muscheln fressen

Die Muscheln sind damit zufrieden, eingegraben im sandigen Untergrund zu liegen, an einer festen Oberfläche angeheftet oder mit zwirnartigen Byssus-Fasern an irgendeinem im Wasser liegenden Gegenstand verankert zu sein. Das Einsammeln von Nahrung geschieht bei diesen festsitzenden Weichtieren dadurch, daß sie Futter enthaltendes Wasser über ihre klebrig-schleimigen Kiemen leiten. Mikroskopisch kleine Härchen, sogenannte „Cilia", transportieren den „Nahrungsschleim" zum Mund der Muschel. Unerwünschte große Partikel werden wieder ausgeschieden.

Diese ununterbrochen fressenden Muscheln durchfiltern buchstäblich das Wasser ihrer näheren Umgebung. Eine Kolonie von Venusmuscheln oder Süßwassermuscheln ist dazu in der Lage, Tausende Liter von Wasser innerhalb eines kleinen Gebietes zu reinigen. Die Effektivität dieser Filter hängt von der Wassertemperatur, den Flut- und Ebbezeiten, der Größe und der Anzahl der adulten Tiere sowie von der Zusammensetzung des im Wasser enthaltenen Schlamms ab. Ein „Übersammeln" von Meeresmuscheln und Süßwassermuscheln kann ernsthafte Folgen für das ökologische Gleichgewicht einer Bucht oder eines Flusses haben.

Der sogenannte Schiffsbohrwurm, (Teredo), der in Wirklichkeit eine Muschel ist und kein Wurm, hat sein Filtrieren mit einem spezialisierten System von röhrenförmigen Drüsen kombiniert, um mit dem ganzen Holz fertigzuwerden, durch das er sich hindurchbohrt. Jedes Jahr verursacht dieses Weichtier Schäden in Millionenhöhe, indem er Bootsanlegestellen und den Rumpf von Holzschiffen zerstört. Der eigentliche Muschelkörper ähnelt dem eines langen, weißen Wurmes, und besitzt ein Paar tassenförmige Schalenklappen, die am bohrenden Ende aufsitzen. Das Loch an der Oberfläche des Holzes ist nur sehr klein und wird durch ein winziges Paar von paddelförmigen Platten geschützt, die es verschließen, wenn ungünstige Wasserbedingungen herrschen. Wie bei den meisten marinen Muscheln werden die freischwimmenden Larven der Jungen ins offene Wasser ausgestoßen, wo sie umhertreiben können, um sich schließlich auf ein neues Stück Holz niederzulassen. Der Schiffsbohrwurm ist dazu in der Lage, ganze Bootsanlegestellen innerhalb einiger Jahre zu durchlöchern und vollständig zu zerstören. Wenn es nicht diese ununterbrochene, gemeinsame Aktion dieser „Holzfresser" gäbe, wäre das Meer bald mit Holzblöcken, schwimmenden Ästen und Zweigen überfüllt.

Einige Familien von Tiefwassermuscheln haben sich zu Fleischfressern entwickelt, weil es in diesen dunklen Tiefen keine Algen oder irgendeine andere chlorophyllhaltige Nahrung gibt. Ihre räuberische Lebensweise besteht darin, kleine Krebse und Würmer mit Hilfe ihres ausdehnbaren Siphos zu verschlingen. Die „Schöpflöffel-Muschel", Poromya, besitzt am Rand ausgedehnte Mundlappen, die die Beute erfassen und zum Mund transportieren können.

„Mördermuschel" oder Riesenmuschel

Man kennt heute fünf verschiedene Arten von sogenannten Riesenmuscheln, deren Vorkommen auf die flachen, tropischen Gewässer des Indischen Ozeans und des südwestlichen Pazifik beschränkt ist. Ihre dicken Schalen werden dazu benützt, Werkzeuge und Figuren für Zeremonien herzustellen. Auf den Salomon-Inseln wurden die Schalen geschnitten und zu runden, diskusartigen Scheiben geschliffen. Diese wurden als eine Art Zahlungsmittel verwendet und waren Symbol für den Wohlstand eines Stammes. Die Perlen von Tridacna-Muscheln können manchmal die Größe einer Orange erreichen. In einem Fall erreichte eine solche Perle, bekannt unter dem Namen „Allahs Perle", eine Größe von 23 Zentimeter und hatte ein Gewicht von sieben Kilogramm.

Die größte Art dieser „Riesenmuscheln" ist Tridacna gigas. Sie kann eine Schalenlänge von 1,2 Meter erreichen, und die leeren, trockenen Schalen können ein Gewicht von bis zu 250 Kilogramm haben. Es ist kein einziger authentischer Fall bekannt, bei dem ein Mensch von einer Riesenmuschel gefangen oder getötet, geschweige denn gefressen worden wäre. In Wirklichkeit sind alle Mitglieder dieser Familie hauptsächlich Vegetarier, die ihre Nahrung zum Teil durch lange Streifen mit einsitzenden Kolonien von einer Blaugrünalge, Zooxanthella, aufnehmen. Diese Streifen werden von den weit herausgestreckten Mantelrändern der Oberfläche zugewandt. Dies ist der wahre Grund, weshalb diese Muscheln verkehrtherum, das heißt mit dem Schloß nach unten, im flachen Wasser der Riffgebiete auf dem Boden liegen. Nur so können sie ihre geschwollenen Mantelränder mit den darin enthaltenen Algen der Sonne entgegenstrecken. Viele ihrer Blutkörperchen enthalten Algenzellen, die direkt zur Mitteldarmdrüse der Muschel geleitet werden. Diese Methode der eigenen Algenzucht für die Ernährung ist auch noch bei einigen anderen Weichtieren anzutreffen, zum Beispiel bei der Herzmuschel, Corculum, von den Philippinen und einigen kleinen, grünen, schalenlosen marinen Nacktkiemerschnecken.

Wie Schnecken fressen

Die Landschnecken und die Meeresschnecken haben es zu einer großen Vielfalt in der Art und Weise der Ernährung gebracht. Einige Schnecken sind reine Vegetarier, andere ausschließlich Fleischfresser, viele von ihnen sind jedoch Allesfresser. Die Mehrzahl der Landschnecken ernährt sich von Blättern, Flechten, Pilzen und in einigen Fällen – zum Ärger vieler Bauern und Gärtner – vom Gemüse der Pflanzbeete und Gärten. Europäische Bauern können von Schäden in Millionenhöhe berichten, die durch Landschnecken angerichtet werden.

Unter den marinen Schnecken dagegen sind die Fleischfresser in der Überzahl. Sie ernähren sich von anderen lebenden Weichtieren, manchmal von Seeigeln, Seesternen, Würmern, Schwämmen und selbst von kleinen Fischen. Die dreißig Zentimeter lange Wellhornschnecke aus den östlichen Vereinigten Staaten, Busycon, sucht sich eine Hartschalige Venusmuschel, Mercenaria, aus, die sie mit ihrem großen, muskulösen Fuß einwickelt. Dann verkeilt sie den Rand ihrer eigenen Schale zwischen die Klappen der Muschel und plündert diese allmählich von der Seite her aus. Wenn erst einmal ein kleiner Spalt geöffnet ist, dringt die Schnecke mit ihrem ausstülpbaren Freßorgan (Proboscis) tief in das Fleisch der unglücklichen Muschel. Die Reibezunge (Radula) mit ihren Tausenden von hakenförmigen Zähnen kratzt das weiche Fleisch der Muschel ab. So verschlingt die Schnecke ihr Opfer in ein bis zwei Stunden vollständig. Eine Wellhornschnecke verkonsumiert eine Venusmuschel pro Woche, aber der nur zwei bis drei Zentimeter große Austernbohrer (Urosalpinx) kann in ein paar Tagen ein Dutzend Austern zerstören.

Andere fleischfressende Schnecken, wie zum Beispiel die Mondschnecke (Natica), bohren Löcher in die Schale von anderen Schnecken und dünnschaligen Venusmuscheln. Die ganze Angelegenheit benötigt nur einige Stunden. Einige kleine Schnecken wie Capulus, oft mit einer kleinen, mützenförmigen Schale, verbringen ihr ganzes Leben angeheftet an einen Seestern oder an eine Kammuschel und zapfen als Parasiten das Blutsystem ihrer Wirte an. Der perfekte Parasit tötet seinen Wirt nicht, sondern erhält sich den Zufluß seiner Nahrung solange er kann.

Die giftigen Kegelschnecken

Während im Normalfall die Anzahl der kleinen Zähne auf einem Radulaband von 100 bis zu 50 000 variiert, wurden diese in einigen Fällen großartig verändert und angepaßt an eine sehr spezialisierte Methode des Fressens. Kegelschnecken, die sich von kleinen, lebenden Fischen ernähren oder marine Würmer in ihren Bohrgängen jagen, haben lange, harpunenförmige Zähne entwickelt. In diesem Fall wird ein solch einzelner, hohler Zahn in die Beute hineingestoßen, während gleichzeitig ein starkes Gift durch den Zahn in die Beute gepumpt wird. Dieses Nervengift kann einen kleinen Fisch in nur wenigen Minuten töten und lähmt eine andere Schnecke oder einen Kraken innerhalb einer Stunde. Eine zehn Zentimeter lange Kegelschnecke kann einen fünf Zentimeter langen Fisch töten und fressen. Für gewöhnlich reicht dieser eine Fisch für einige Wochen.

Alle die ungefähr 800 heute bekannten Arten von Kegelschnecken besitzen einen ganzen Satz solch harpunenförmiger Zähne, und alle Arten sind zweifelsohne giftig. Es gibt jedoch nur sechs oder sieben indopazifische Arten, von denen bekannt ist, daß ihr Gift für den Menschen tödlich wirken kann. Von zwei atlantischen Kegelschneckenarten, *Conus regius* und *Conus spurius*, ist bekannt, daß sie Menschen gestochen haben, aber der Stich verursachte nur beißenden Schmerz. Über ein Dutzend Todesfälle wurden bisher jedoch aus dem tropischen, südwestlichen Pazifik verzeichnet. Sie wurden meist von den beiden Kegelschneckenarten *Conus textile* und *Conus geographus* verursacht. Die nahverwandten Hornschnecken, *Terebra*, und die Turmschnecken, *Turridae*, besitzen einen vergleichbaren Satz von solchen Zähnen, die ebenfalls mit einer Giftdrüse verbunden sind. Ihre einzigen Opfer sind jedoch marine Würmer, und ihr Gift ist für den Menschen harmlos.

Eine sich bewegende Beute zu erlegen stellt ein Problem dar, vor allem für eine langsam kriechende Schnecke. Einige Schnecken haben dies umgangen, indem sie nahezu ihr ganzes Leben in ihrem Opfer selbst zubringen. Die Tiere der Schneckengattung *Stylifer* leben in den Dornen eines Seeigels und saugen von dessen Blut, während er sein Skelett minutenlang öffnet um die Versorgung mit frischem Meerwasser von außen aufrechtzuerhalten. Dieser Parasit verursacht auf dem Rücken des Seeigels eine hohle Zyste. Ein noch extremeres Beispiel von Innen-Parasitismus stellt die Lebensweise einer winzigen Schnecke dar, die in den Eingeweiden von Seegurken oder Holothurien lebt. Erst als im 19. Jahrhundert ein Zoologe die Anatomie und die Radula dieser schalenlosen Schnecke untersuchte, stellte sich heraus, daß es sich hierbei um eine Schnecke und nicht um einen parasitären Wurm handelt.

Das Wachstum der Schale

Während auch die Weichteile von Schnecken und Muscheln im Leben kontinuierlich wachsen, einschließlich der Vergrößerung des Fußes, der Kiemen, des Herzens und anderer Organe, findet das augenfälligste Wachstum in der äußeren, schützenden Schale statt. Schalenmaterial wird aus drei Gründen produziert: 1. Um mehr Platz für die Weichteile zu haben und damit diese geschützt sind. 2. Um auf physikalischem Weg die natürliche Auslaugung des Körpers von überschüssigen Salzen, speziell Kalzium, zu verhindern. 3. Um als schützende Rüstung gegen räuberische Krabben und Fische zu dienen.

Die Umwandlung der aufgenommenen Nahrung in hartes Schalenmaterial ist ein komplizierter Prozeß, der mit der Verdauung beginnt und über die Assimilation (das heißt die Überführung von körperfremden Stoffen in körpereigene Stoffe) bis hin zur Endablagerung führt. Dies ist ein fundamentaler Vorgang, der den meisten Tieren eigen ist. Ähnlich ist auch das Wachstum der Fingernägel und des Haares beim Menschen. Von speziellen Drüsen, die im Mantel und manchmal auch im Fuß der Schnecke plaziert sind, wird flüssiges Kalziumkarbonat oder Kalk ausgeschieden und in harter, kristalliner Form am Rand oder der Außenlippe einer Muschel bzw. Schnecke abgelagert. Dieser flüssige Kalk wird „eingefroren" in definierte mikroskopische Bausteine, die wiederum zusammengefügt werden können zu Aragonit oder Kalzit, dem Material, aus dem die gleichnamigen Mineralien bestehen. Diese beiden unterschiedlichen Kristallformen des Kalziumkarbonats bewirken auch, daß manche Schalen opak weiß sein können oder einen irisierenden Perlenglanz besitzen.

Wenn das Kalziumkarbonat abgelagert wird, werden von nahegelegenen Drüsen Farbpigmente hinzugefügt. Indem die Farbdrüsen wandern oder sich in verschiedene Farbzentren aufspalten, entsteht auf der Schale eine entsprechende Veränderung der Farbbänder.

Das Schalenwachstum wird in großem Maße durch die Nahrung, das Alter des Tieres oder durch lokale Umweltbedingungen beeinflußt. Eine grüne Turbanschnecke, *Turbo*, kann abrupt eine weiße Schale anstatt einer grünen Schale produzieren, wenn sie sich von einer anderen Sorte von Seegras ernährt. Wenn eine Stachelschnecke der Gattung *Nucella* an rauher, brandungsreicher Küste lebt, so ist ihre Schale glatt und eben. Lebt die gleiche Art in stillen Innenbuchten, so kann die Schale zierliche Krausen und Schuppen besitzen. Wenn das Wasser zu sauer ist – speziell im Fall von Muscheln die in stark verschmutztem Wasser aufwachsen – kann nur eine dünne Schale ausgebildet werden. Diese ist dann auch stark korrodiert, und oft kann sie nicht vollständig zuwachsen.

Fortpflanzung

Die Art und Weise der Fortpflanzung variiert von einer Familie zur anderen. Es gibt kein Standard-System. Die meisten kiementragenden Schnecken, egal ob sie marin, brackisch oder im Süßwasser leben, besitzen jeweils nur eines von beiden Geschlechtern. Für gewöhnlich ist die Schale und der Körper eines Weibchens größer als beim Männchen. Das Weibchen besitzt Gonaden im oberen Teil der Windungen und einen langen, inneren Schlauch (Oviduct), durch den die Eier eins nach dem anderen nach draußen oder in eine speziell angefertigte Eikapsel gelangen können. Im Falle der Turbanschnecke (*Trochus*) und der Meerohren (*Haliotis* oder „Abalone") wie auch bei den meisten Meeresmuscheln werden die Eier in das freie Wasser ausgeschieden, wo sie auf freischwimmendes Sperma, das von den Männchen vorher ausgeschieden wurde, treffen. In den meisten Fällen jedoch werden die Eier in kleinen, schützenden Kapseln untergebracht, die für gewöhnlich aus lederähnlichem, chitinartigem Material bestehen und in Ballen oder Ketten angeordnet sind. Manchmal sind die Eier bedeckt mit einer gallertartigen Masse und haften an Unterwasserpflanzen, der Oberfläche von Steinen, anderen Schalen, oder, wie im Fall der Flamingozungenschnecke (*Cyphoma*), kleben sie an den Ästen von Peitschen- und Fächerkorallen. Die kleine Süßwasserschnecke *Oncomelania* aus dem Orient bedeckt jedes Ei mit ihren sandigen Kotpillen und bringt diese in ein getarntes Loch.

Die häufig vorkommende Wellhornschnecke *Busycon* aus den östlichen Vereinigten Staaten fertigt lange Ketten von abgeflachten Kapseln an. Jede Kapsel enthält fünfzehn bis fünfzig Eier. Innerhalb von vier Monaten verwandeln sich die Embryonen in winzig kleine Abbilder ihrer Eltern und kriechen aus einem unscheinbaren runden Schlupfloch. Eine solche sechzig Zentimeter lange Kette kann aus 150 Kapseln bestehen, aus denen insgesamt bis zu 7000 „Babyschnecken" schlüpfen können.

Die Sterblichkeit unter neugeschlüpften Schnecken sowie bei jungen Muscheln ist enorm, da sie eine Hauptnahrungsquelle für Garnelen, Krabben und kleine Fische darstellen.

Manchmal sammeln sich mehrere Schneckenweibchen mit ein paar Schneckenmännchen und erzeugen einen gemeinsamen Laich. In einigen Wochen können sie einen ganzen Berg von kleinen Eikapseln produzieren, der schließlich die Größe eines Fußballs erreichen kann. Unglücklicherweise werden dabei gelegentlich einige Weibchen völlig bedeckt von den neuen Eikapseln, so daß sie für Monate unter dem Laich gefangengehalten werden, bis die Eier schlüpfreif sind und die Kapseln aufbrechen. Von der Nördlichen Wellhornschnecke, *Buccinum undatum*, ist bekannt, daß mehrere Weibchen eine gemeinsame Eitraube mit über 15 000 Kapseln produzieren können.

Verschiedene Faktoren können die geschlechtliche Aktivität bei Weichtieren stimulieren. Die Erkennung des Geschlechts kann sich auf das Ausscheiden von sogenannten „Pheromenen" beziehen, das sind hormonelle Düfte, die durch das Wasser treiben. Weibliche Austern und Muscheln beginnen mit der Eierproduktion, sobald dies durch freischwimmendes Sperma ausgelöst wird. Die meisten Weichtiere laichen bei Nacht, aber die Hauptfaktoren, welche die Vermehrung steuern, sind Temperaturwechsel, Salinität, Mondphasen und Gezeitenschwankungen.

Von Art zu Art ist die Anzahl der Eier, die von den Weibchen gelegt werden, unterschiedlich. Obgleich die Wellhornschnecken von Neu-England, *Neptunea* und *Colus*, ungefähr 5000 Eier pro Kapsel legen, schlüpfen nur die fünf stärksten aus. Die Kleineren oder Schwächeren werden von ihren Geschwistern gefressen, bevor sie zur Welt kommen. Die Mondschnecke, *Natica*, fertigt sandige Kragen an, die bis zu 11 000 Eier enthalten können. Von Kegelschnecken aus dem Indischen Ozean ist bekannt, daß ein Weibchen in einer Saison bis zu 1,5 Millionen Eier legt.

Eier zu legen ist das eine Problem. Dem Nachwuchs ein Umherschweifen zu neuen Weideplätzen oder ein Vordringen in andere Gebiete zu ermöglichen ist eine andere Schwierigkeit, die die Natur auf die vielfältigste Art und Weise gelöst hat. Viele Jungtiere können zu entfernten Plätzen gelangen, indem sie ein freischwimmendes Larvenstadium (Veliger) durchlaufen. Bei einigen Arten schlüpfen die Jungen als winzige Ebenbilder der Erwachsenen aus den Eikapseln und machen sich buchstäblich „zu Fuß" auf zu neuen Wohngebieten. Jedoch die meisten Muscheln und viele Meeresschnecken durchleben ein Veligerstadium als winzige, wimpernbedeckte Larvenformen, die durch das Wasser treiben und über Wochen hinweg von den Meeresströmungen mitgenommen werden. Junge Veligerlarven von Schnecken, die in Yucatan, Mexiko, geboren wurden, gelangten bis in die Gewässer der Bermuda-Inseln, und viele dort geborene Veliger werden durch Meeresströmungen bis nach Westeuropa und die Azoren verfrachtet.

Aber auch diejenigen Schnecken, die aus fertigen Eikapseln schlüpfen, besitzen eine Möglichkeit sich auszubreiten. Viele Eikapseln werden an Seetang, auf den Rücken von Schildkröten und an Treibholzstücke geheftet. Selbst Flöße aus Skeletten der Pfeifenkoralle mit in den Vertiefungen der Korallenstöcke eingebetteten Eikapseln wurden im Küstenspülsaum gefunden, Hunderte von Kilometern von ihrem eigentlichen Vorkommen entfernt. Einige wenige Schnecken, wie zum Beispiel *Planaxis* und *Thiara*, bergen ihre Jungen in Känguruhbeutel-ähnlichen Taschen, entweder im Oviduct oder unter der Haut im Kopfbereich, und gebären perfekt ausgeformte, lebende Junge (vivipar).

Zwittertum

Einige marine Weichtiere geben sich in ihrem Leben nicht damit zufrieden, jeweils nur ein Geschlecht zu besitzen. In der Tat praktizieren viele einen regelmäßigen Wandel von Weibchen zu Männchen und umgekehrt. Die atlantische Pantoffelschnecke, *Crepidula fornicata*, lebt in Ketten eine über der anderen. Bis zu zwölf Individuen können ein solches Türmchen bilden. Jeweils die größeren Tiere befinden sich zuunterst am Boden. Dabei handelt es sich um Weibchen. Oben sitzen

die kleineren Männchen. Ein Hormon, das von den Weibchen ins Wasser abgegeben wird, hindert die Männchen daran, ihr Geschlecht zu ändern. Aber sobald das Weibchen abstirbt oder weggenommen wird, verschwindet dieses Hormon aus dem umgebenden Wasser und die Männchen beginnen sich umzuwandeln in Weibchen. Der Penis schrumpft, bis er ganz verschwunden ist. Die Schale nimmt an Größe zu, und die männlichen Zellen in den Gonaden verschwinden. Sobald ein einziges vollständig funktionsfähiges Weibchen entwickelt ist, beginnt dieses mit der Produktion und dem Ausstoß des Hormons, was die anderen Männchen daran hindert, sich ebenfalls vollständig in Weibchen zu verwandeln. Sie kehren alle wieder zu ihrem vollständig männlichen Status zurück.

Solch eine Geschlechtsumwandlung ist keine Seltenheit bei den Napfschnecken (*Patella*), Schlüssellochschnecken (*Diodora*), den meisten Wendeltreppenschnecken (*Epitoniidae*) und einigen Turmschnecken (*Turridae*). Bei ihnen dauert eine männliche Phase während der ganzen ersten Laichperiode an. Erst danach entwickeln sie sich zu voll funktionstüchtigen Weibchen.

Austern, Venusmuscheln und andere Muscheln sind in einem noch höheren Grade zweigeschlechtig. Einzelne Austern können sogar monatlich ihr Geschlecht ändern. Ein Umstand, der als rhythmisches, fortlaufendes Zwittertum bezeichnet wird. In einer großen Austernbank gibt es zur gleichen Zeit Individuen aus jeder geschlechtlichen Phase, damit eine gegenseitige Befruchtung immer möglich ist. Die Hartschalige Venusmuschel, *Mercenaria*, funktioniert für die ersten Monate ihres Lebens als Männchen, um sich dann für den Rest ihres Lebens in ein Weibchen umzuwandeln.

Die meisten Landlungenschnecken wie unsere Gartenschnecke, die tropischen Baumschnecken und die schalenlosen Nacktschnecken sind wahre Zwitter. Beide, die männlichen und die weiblichen Organe sind in ein und demselben Tier vorhanden und funktionstüchtig. Zwei Tiere, die aufeinandertreffen, verflechten sich miteinander und tauschen das Sperma aus dem jeweiligen Vorrat ihres Penis aus. Ein paar Tage später legt jedes Tier befruchtete Eier, entweder in die weiche Erde oder versteckt eingebettet in einen Schleimhaufen in ein aufgerolltes Blatt.

Fortbewegung

Die Art und Weise der Fortbewegung, sei es nur für kurze Entfernungen während der Suche nach Futter, Schutz oder einem besseren Platz für die Fortpflanzung, oder etwa für lange Entfernungen wie im Falle der Ausbreitung einer Art in ein neues Verbreitungsgebiet, ist bei den Weichtieren recht unterschiedlich gelöst.

Einige Tiere sind dabei eher passiv, indem sie ihre Eier oder Larven einfach den Meeresströmungen anvertrauen, um sich in neue Gebiete auszubreiten. Erwachsene Muscheln sind unter den Weichtieren diejenigen, die in ihrer Bewegungsfreiheit am meisten eingeschränkt sind.

Austern wie zum Beispiel die Amerikanische Stachelauster, *Spondylus*, sind an Steinen oder an anderen Schalen festzementiert. Die Schinkenmuschel, *Pinna*, steckt tief im Sand und die Messermuschel, *Ensis*, und der Schiffsbohrwurm, *Teredo*, sitzen in ihren Löchern gefangen. Solange die Meeresströmung neues, nahrungsreiches Wasser zu ihren einsaugenden Siphonen bringt, haben diese Muscheln keinen Grund, ihren Standort zu verändern.

Viele Meeresmuscheln wie zum Beispiel die Trogmuschel, *Mactra*, haben einen beachtlichen Erfolg, indem sie sich durch den sandigen Untergrund hindurchpflügen. Sie tun dies, indem sie ihren abgeflachten, zungenförmigen Fuß weit von sich wegstrecken, sein spitzes Ende schwillt mit Blut an und nimmt die Form eines Ankers an. Durch Zusammenziehen des Fußes wird der Muschelkörper dann nachgezogen, und Stück für Stück kann sich die Muschel so voranarbeiten.

Weichtiere, die „fliegen"

Innerhalb der Gruppe der Weichtiere können sich die Tintenfische am schnellsten fortbewegen, indem sie Wasser durch ihren Atemsipho ausstoßen. Dieser Vorgang beschleunigt das Tier nach hinten. Es können so Geschwindigkeiten von bis zu achtzehn Kilometer pro Stunde erreicht werden. In einigen Fällen, vor allem in windigen Nächten, ist von den Tintenfischen bekannt, daß sie sich von einer Welle erfassen lassen und mit ihren ausgebreiteten, seitlichen Enden über Hunderte von Metern, ähnlich einem fliegendem Fisch, im Wasser gleiten können. Der Krake (Octopus) „geht" normalerweise mit seinen acht Fangarmen vorwärts, aber im Falle einer Bedrohung, wenn er sich fürchtet, stößt er eine Wolke aus lila Tinte aus und fliegt hoch mit einem Spritzer aus seinem Sipho und zieht seine acht Fangarme hinter sich her.

Kriechen und „Stelzenlaufen"

Schnecken können kriechen, „vorwärtshumpeln", „auf Stelzen gehen", „sich winden wie ein Wurm" oder den Weg durch ihr Leben springen. Die Mehrzahl kriecht vorwärts, indem drei Techniken angewandt werden. Die erste ist die Produktion einer schleimigen Gleitbahn, eine Art flüssigen Teppichs, auf dem sie sich bewegen können. Dies ist die silbrige Spur hinter einer Nacktschnecke, wenn sie über einen Bürgersteig kriecht. Die zweite ist die Benutzung von mikroskopischen Härchen (Cilia) auf der Unterseite des Fußes, die sich wie Paddel bewegen. Die dritte ist eine Muskelbewegung, durch die Wellen an der Unterseite des Fußes erzeugt werden. Die Wellen beginnen hinten und bewegen sich nach vorne. Dieser Bewegungsablauf läßt sich gut darstellen, indem man einen kleinen Teppich an seinem Ende mit den Händen faßt und durch eine Auf- und Abbewegung eine Welle erzeugt, die zur Stirnseite des Teppichs läuft. Beim Loslassen bewegt sich der ganze Teppich ein paar Zentimeter nach vorne. Eine kontinuierliche Wellenbewegung im Fuß der Schnecke bringt diese vorwärts. Eine weitere Möglichkeit ist das abwechselnde sich-zusammenziehen und Strecken wie es Kinder tun, wenn sie Sack hüpfen.

Im Gegensatz zu dem ruhigen, gleichmäßigen Kriechen der Gartenschnecken, Porzellanschnecken oder Olivenschnecken, steht das „Stelzenlaufen" der Fingerschnecken (Strombidae). Der Fuß bei letzteren ist nicht breit und flach, sondern langgestreckt, muskulös und trägt an seinem Ende einen klauenförmigen, hornigen Deckel (Operculum). Wenn die Schnecke vorwärtsgehen will, streckt sie ihren Fuß nach vorne, gräbt das Operculum in den Boden und „stakst" nach vorne. Für diese unhandlichen Riesen, die eine Länge von nahezu dreißig Zentimeter erreichen, wäre es fast unmöglich, in ihrer natürlichen Umgebung von Seegraswiesen zu kriechen.

Überraschenderweise sind die Fingerschnecken Vegetarier und ernähren sich für gewöhnlich von den weichen Rotgrünalgen, die an dem zähen Seegras kleben. Diese „intelligenten" Tiere erheben sogar gelegentlich ihr klauenförmiges Operculum zur Abwehr gegen Seesterne, Krabben und unvorsichtige Muschelsammler. Die Fechterschnecke von Florida und den Antillen (Strombus pugilis) erhielt ihren wissenschaftlichen Namen von einem Europäer, der noch nie eine lebende Strombus pugilis gesehen hatte. Er wählte den Namen wegen der Stacheln und Buckel auf der Schulter des Gehäuses, die denjenigen auf der ehernen Rüstung der römischen Gladiatoren ähneln.

Die Heimat der Schnecken- und Muschelschalen

Die meisten Leute wissen aus dem Geographieunterricht in der Schule, daß das Ursprungsland der Känguruhs Australien (und Neuguinea) ist, daß Eisbären nur in der Arktis (nicht in der Antarktis) vorkommen und daß Tiger auf den südöstlichen Teil Asiens begrenzt sind. Weichtiere kommen ebenso in solchen arttypischen und oft sehr begrenzten Gebieten vor. Die eßbare Dickschalige Venusmuschel, Mercenaria, findet sich von Neubraunschweig, Kanada, bis weit in den Süden des nördlichen Floridas und hinüber nach Texas. Ihr Verbreitungsgebiet beinhaltet nicht das nördliche Kanada, die Bermudas, Europa oder die Antillen. Gleichfalls kommt die warmes, tropisches Wasser liebende Königs- oder Rosa Fechterschnecke, Strombus gigas, nur von den Bermudas und von Florida bis nach Süden zu den Karibischen Inseln und nach Nordbrasilien vor. Sie wurde noch nie in den tropischen Gewässern des Golfes von Kalifornien oder des südlichen Pazifik gefunden.

Die Tatsache, daß jede Schnecke oder Muschel in einem eigenen, genau begrenzten Gebiet lebt, kann verschiedene Ursachen haben. Der Grund liegt sicher in der langen, unterschiedlichen geologischen Geschichte der verschiedenen Faunenprovinzen. Ein anderer Grund sind sicher die veränderten Umweltbedingungen der angrenzenden Gebiete, die eine weitere Ausbreitung verhindern. Die Hauptursache sind jedoch die unterschiedlichen Temperaturen, die entweder zu hoch oder zu niedrig zum Überleben der Larven und Jungtiere sind. Das Fehlen von speziell benötigter Nahrung oder das Vorkommen eines besonders raubgierigen Feindes kann ebenfalls ein eingrenzender Faktor sein.

Die Verbreitung der marinen Arten ist sehr verschieden von derjenigen der nichtmarinen Formen, die auf dem Land oder im Süßwasser leben. Die Schnecken- und Muschelschalen der „Sieben Meere" kommen in der Tat nur in bestimmten großen Meeresteilen vor. Wie Untersuchungen zur Zoogeographie gezeigt haben, lassen sich diese Verbreitungsgebiete zu sogenannten Faunenprovinzen zusammenfassen. Die größte dieser Provinzen ist die Indo-Westpazifische Faunenprovinz, ein riesiges, ineinander verflochtenes System von zwei tropischen Ozeanen, das sich vom Roten Meer und Ostafrika über den Indischen Ozean westwärts durch ganz Indonesien bis nach Polynesien erstreckt. Hawaii und die Osterinseln sind die östlichsten Ausläufer. Schalen wie die der Geldkauri (Cypraea moneta) und die der Schlangenkopfkaurischnecke (Cypraea caputserpentis), die Spinnenschnecke (Lambis), die Riesenmuschel (Tridacna) und 10 000 andere marine Arten sind auf diese Provinz beschränkt. Die kalten Gewässer um Südafrika, Südaustralien und die nördlichen der japanischen Inseln halten die Mitglieder dieser Provinz von einer weiteren Ausdehnung ab.

Drei andere, einzigartige tropische Provinzen sind die Karibische Provinz, die Panamaische Provinz auf der dem Pazifik zugewandten Seite von Zentralamerika und die Westafrikanische Provinz, die hauptsächlich durch angrenzende Kontinente und wichtige Meeresströmungen wie den Golfstrom begrenzt werden. Die letzte der genannten Provinzen ist zum Beispiel einzigartig wegen des Vorkommens von vielen farbenprächtigen Schalen von Arten aus der Familie der Randschnecken (Marginellidae) und den großen Gehäusen der Walzenschnecke der Gattung Cymbium.

Natürlich haben die extrem kalten arktischen und antarktischen Regionen an den Erdpolen ihre eigene Weichtierfauna mit charakteristischen farblosen, hellen Schalen. Zwischen diesen relativ ungastlichen, kalten, eisbedeckten Provinzen und dem Gürtel von tropischen, äquatorialen Regionen liegen noch einige gemäßigte Provinzen. Bekannt unter diesen gemäßigten Provinzen ist die Japanische, die Kalifornische und die Südafrikanische Provinz, von denen eine jede viele charakteristische Arten des gemäßigten Wassers besitzt.

Da die abertausend Arten von Landschnecken, sowohl Boden- wie auch Baumschnecken, nicht wie die Vögel oder die Insekten fliegen können, haben sie für gewöhnlich eng begrenzte Verbreitungsgebiete. So wie sich auf dem isolierten Australien Känguruhs oder andere Beuteltiere entwickelt und erhalten haben, so besitzt dieser und andere große Kontinente charakteristische Familien und Arten von Landschnecken. Die afrikanische Riesenschnecke (Achatina) war ursprünglich auf den afrikanischen Kontinent beschränkt, bis der

Mensch einige Exemplare in andere Länder einführte. Polygyra-Schnecken finden wir ausschließlich in Nord- und Zentralamerika.

Kleine Inseln, isoliert und weit weg vom kontinentalen Einfluß, werden oft Standorte von schnell evolvierenden Landschneckenarten. Die Grundbedingungen für eine Evolution sind am offensichtlichsten auf Hawaii und auf den Südseeinseln zu beobachten. Es sind Isolation, genetische Mutation und die Auslese der besten Eigenschaften für das Überleben der neuen Arten. Inselketten wie Hawaii und die abgeschnittenen Kalkgebirge im östlichen Kuba entwickeln sich zu Geburtsstätten für Hunderte von neuen Arten. In einigen Fällen, wie zum Beispiel in den steilen Bergen und begrenzten Tälern auf Hawaii, fand eine solche Entwicklung in nur einigen hunderttausend Jahren statt.

Ein ähnliches Verteilungsmuster ist bei den Süßwassermollusken entwickelt, und die Grenzen sind ebenso genau und scharf definiert wie bei den Landmollusken. Von Flußsystem zu Flußsystem sind die Mollusken verschieden. Die Süßwasserperlmuscheln des Nils sind recht unterschiedlich zu denen der Donau, des Yangtze, des Amazonas oder des Mississippi. Geologisch alte, tiefe Seen wie der Baikalsee in der Sowjetunion und der Tanganyikasee in Afrika haben jeder für sich kuriose Süßwasserschnecken, die sonst nirgendwo auf der Welt vorgefunden werden.

Sehr zum Erstaunen der Naturforscher des frühen 19. Jahrhunderts wurden in diesen großen, alten Süßwasserseen Dutzende von neuen Arten entdeckt, die jedoch ihrem Äußeren nach mehr marinen Schnecken und Muscheln ähneln. Man vermutete zuerst, daß diese von marinen Arten abstammen, die vor vielen Jahren eingeschlossen wurden. Spätere anatomische Untersuchungen wiesen sie jedoch als typische Vertreter von Süßwasserfamilien aus, die sich über Millionen Jahre hinweg herausgebildet hatten, weil die physikalischen Bedingungen dieser ungeheuer großen Seen mit ihrem Tidenhub und ihren ozeanähnlichen Wellen diejenigen Formen selektiert hatten, die in diesem „Inlandmeer" am besten überlebten.

Spezielle Nischen

Wenn man die Verbreitung einer marinen Art auf einer Seekarte markiert, so sieht man, daß sich das sogenannte Verbreitungsgebiet dieser bestimmten Meeresschnecke oder -muschel über viele Tausende von Kilometern entlang der Küste erstrecken kann. In Wirklichkeit kommt diese Art nicht gleichmäßig überall im Verbreitungsgebiet vor, sondern nur punktuell. Der Grund dafür besteht darin, daß die sehr speziellen Umweltbedingungen, die für diese Art notwendig sind, nicht überall gegeben sind. Der Felsbewohner unter den Strandschnecken kann nicht an einem Sandstrand oder in einer schlammigen Flußmündung überleben. Selbst der sandige Untergrund, den eine bestimmte Muschel bevorzugt, kann sich von demjenigen bei einer anderen Muschel hinsichtlich des Tonanteils oder der durchschnittlichen Korngröße unterscheiden.

Das Vorkommen und damit auch die Verbreitung von vielen Weichtieren hängt ebenfalls vom Verbreitungsgebiet der Wirtstiere beziehungsweise derjenigen Pflanzen und Tiere ab, die als Nahrung dienen. In der Karibik gibt es vier oder fünf Arten von Flamingozungenschnecken (Cyphoma), die nur auf bestimmten Fächer- und Peitschenkorallen leben. Für gewöhnlich halten nur ein oder zwei Paare von Flamingozungenschnecken eine Fächerkoralle besetzt. Ein zusätzliches, neu angekommenes Männchen würde vom ursprünglich vorherrschenden Männchen bald vom Fächer verjagt werden. Diese Weichtiere sind Gäste, die sich von den Polypen der Fächerkoralle ernähren und ihre Eier zwischen deren Arme legen.

Der am meisten bevorzugte Aufenthaltsbereich von marinen Flachwasserschnecken liegt wahrscheinlich unter Platten von alten, toten Korallenblöcken. Weichtiere sind im allgemeinen scheu und für gewöhnlich nachtaktiv, so daß dieser Platz einen willkommenen Schutz vor Fischen und Krabben bietet. Eine Vielzahl von pflanzlichem und tierischem Futter wächst auf der Unterseite dieser Felsen. Der umsichtige Schnecken- und Muschelsammler ist sich bewußt, daß Sonnenlicht und Wellen die Gelege und die Jungtiere zerstören können und legt die Blöcke wieder so zurück, wie er sie vorgefunden hat.

Tausendfache Verwendung von Schnecken und Muscheln und ihren Schalen

Als Nahrungsmittel

Die frühen Völker, die sich in der Nähe des Meeres niedergelassen hatten, ernteten eine Vielzahl von marinen Tieren in erster Linie als Nahrungsmittel. Archäologische Ausgrabungen in den Küchenabfällen oder Abfallhaufen von nahezu allen primitiven Kulturen fördern eine Unzahl von Venusmuscheln, Austern und Kammuscheln zutage. In einigen Gebieten erreichten die Haufen von leeren, toten Gehäusen eine solche Größe, daß ganze Dörfer und sogar Zementwerke auf ihnen errichtet wurden. Einige inländische Indianerstämme von Nordamerika machten Süßwassermuscheln zum Hauptbestandteil ihrer Nahrung, speziell in Zeiten, wenn das Wild rar war. So entstanden ausgedehnte Schalenhaufen entlang der Ufer des Ohio und Missouri, von denen einige bis heute erhalten sind und wieder freigelegt wurden.

Auch heute noch werden an vielen Küsten gern Weichtiere zum Nahrungserwerb gesammelt, zum Beispiel in der Südsee, in Afrika, auf den Philippinen und den Ostindischen Inseln. Wenn die Ebbe abends beginnt, suchen die Leute die freigelegten Riffe mit Fackeln und Laternen in der Hand ab, um lebende Meeresmuscheln und -schnecken zu fangen oder um Kraken und kleine Fische aufzuspießen. Diese Gewohnheit besteht nun schon seit Generationen und es ist gut, daß das Meer eine so große Regenerationskraft besitzt.

Nahezu alle Weichtiere sind eßbar, eine Ausnahme bildet die Zwiebelmuschel (Anomia), eine kleine Muschel, die sich an andere Schalen, Krabben und Steine anheftet. Ihr rohes Fleisch ist extrem scharf und schmeckt nach Alaun. Obgleich die Weichtiere hinsichtlich der jährlichen Fangquoten gegenüber den Fischen und den Krebsen auf der ganzen Welt den zweiten Rang einnehmen, gibt es nur ungefähr hundert Arten von Meereschnecken und -muscheln die eine gewisse wirtschaftliche Bedeutung erlangt haben.

Acht der insgesamt einhundert bekannten, lebenden Austernarten ergeben eine Fleischproduktion von beinahe 500 000 Tonnen pro Jahr. Aber die Produktion ist in einigen Gebieten drastisch zurückgegangen. Die Austernzuchten in der Chesapeake Bay, Maryland, erfuhren einen regionalen Rückgang der Produktion von 60 000 Tonnen im Jahr 1880 auf 11 000 Tonnen im Jahre 1965. Heute kommen die führenden Produzenten aus Japan, Frankreich und den Vereinigten Staaten.

Meeresmuscheln hatten schon immer eine gewisse Bedeutung in der Meereswirtschaft, da es aller Wahrscheinlichkeit nach über 75 Arten in den verschiedenen Teilen der Welt gibt, deren Populationen groß genug sind und die zudem noch in zugänglichen Meeresbodenteilen vorkommen, so daß eine Nutzung überhaupt möglich ist. Die jährliche Fleischausbeute der dünnschaligen Neuengland-Muschel (Mya arenaria) variiert zwischen 1000 Tonnen und 6000 Tonnen. Die Surfmuschel (Spisula), die man gewöhnlich in Büchsen eingemacht als Suppe kaufen kann, wird in den östlichen Vereinigten Staaten gezüchtet. Pro Jahr werden 15 000 bis 25 000 Tonnen produziert. Ebenso bekannt ist die Dickschalige Venusmuschel oder „Quahog" (Mercenaria) deren Schalen in ihrem kleineren, juvenilen Stadium unter dem Namen „Kirschkerne" bekannt sind. Sie werden von Neuengland bis ins östliche Florida ausschließlich von Hand geerntet.

Die Muschelzuchten, die verschiedene Arten der marinen Muschelfamilie der Mytilidae (Miesmuscheln) verwenden, gehören zu den ältesten der Muschelindustrie und wurden zuerst an der Küste von Frankreich betrieben. Millionen Kilogramm von Muschelfleisch wird jährlich an Pfählen aus dem Meer gehoben. Sie wachsen an toten Ästen, aufgehängten Seilen oder Netzen in den verschiedensten tropischen und gemäßigten Teilen der Weltmeere.

Die Tintenfische sind heute für die Menschheit einer der Haupt-Eiweißlieferanten. Für sie hat sich eine ausgedehnte Fischereiwirtschaft, vor allem in den kühleren Gewässern der Erde, entwickelt. Ungefähr 3500 bis 12 000 Tonnen des Kurzflossenkalamar, *Illex illecebrosus,* werden pro Jahr in Neufundland an Land gezogen. Viele der Tiere werden als Köder für Fische verwendet. Solch hohe Fangquoten von Tintenfischen werden sonst nur noch in den japanischen Gewässern erreicht.

Die weiteren, weltweit wichtigen Weichtierzuchten umfassen Kammuschel, Meerohren (Abalones), verschiedene Hornschnecken und riesige Kulturen der eßbaren Landschnecke oder „Escargot", *Helix pomatia*. Durch die ungewöhnliche und plötzliche Zunahme der Verschmutzung durch Abwässer, Straßenrinnsteine und Industrieabwässer werden Gebiete, wo saubere und hygienisch einwandfreie Weichtiere zum Verzehr gesammelt werden können, immer weniger. Um dies auszugleichen, begann in den zwanziger Jahren dieses Jahrhunderts die Venusmuschel-, Miesmuschel- und Austernzucht. Sie erreichte jedoch keinen nennenswerten Umfang, bis in die achtziger Jahre. Umfangreiche Experimente mit der Nutzung von natürlichen Muschelbänken von Kammuscheln, Venusmuscheln und Meerohren (Abalones) in Europa, den Vereinigten Staaten und Japan wurden durchgeführt. Viele der dekorativen Schalen der prächtigen bunten Kammuscheln, die in den Schalengeschäften ausliegen, stammen von solchen Anbauversuchen.

Als Geld

Es war eigentlich verständlich, daß man die farbenprächtige, Gelbe Geldkauri (*Cypraea moneta*) zuerst zur Verzierung von Kleidungsstücken verwendete, denen erst später die eigentliche Bedeutung als Zahlungsmittel übertragen wurde. Taschen, die mit dieser häufig vorkommenden, weintraubengroßen glänzenden Schale bestickt waren, erhielten den Status von Geld. Es war über zwölf Jahrhunderte hinweg im Umlauf. Ihr Wert stieg proportional zur Entfernung von ihrem ursprünglichen Herstellungsort. Die Schalen wurden lange vor Christi Geburt von chinesischen und arabischen Händlern ins südliche China, Zentralafrika und Zentralindien eingeführt. Vermutlich erhielten sie ihre Bedeutung als Geld im weltweiten Tauschgeschäft gegen Elfenbein, Decken und Sklaven.

Am längsten wurde Kaurigeld in Indien und Westafrika benutzt. Die im Umlauf befindlichen Schalen stammten hauptsächlich von den Malediven südlich von Indien. Schon um das Jahr 1346 berichtet der moslemische Handelsreisende Ibn Battuta, wie die Kauris zu Zehntausenden gesammelt und gereinigt und nach Yemen, Thailand und Bengalen eingeschifft wurden. Ab 1515 übernahmen die Portugiesen die Malediven und hatten somit die Kontrolle über den sogenannten „Schneckenhandel". Schließlich übernahmen zuerst die Holländer und dann die Engländer den Handel, so daß im 17. und 18. Jahrhundert ein ununterbrochener Fluß von Kaurischnecken durch London und Amsterdam hin zu den Sklavenmärkten in Westafrika bestand.

Die Deutschen entwickelten in den fünfziger Jahren des 19. Jahrhunderts einen Markt für die Beringte Kaurischnecke (*Cypraea annulus*), die der Geldkauri (*Cypraea moneta*) sehr ähnlich ist. Die Beringte Kaurischnecke war über Jahre hinweg vernachlässigt worden und hatte bald eine größere Kaufkraft als ihre „gelbe Schwester". In zehn Jahren übernahmen nur fünf deutsche Handelsgesellschaften die Verschiffung von über 35 000 Tonnen dieser glänzenden, kleinen Schalen nach Westafrika, wo sie zuerst gegen Palmenöl getauscht wurden und schließlich auch für Sklaven, die nach Brasilien verschickt wurden. Es wird geschätzt, daß in dieser kurzen Zeitspanne über

vierzehn Milliarden Kaurischnecken in der Umgebung der Insel Sansibar gesammelt wurden.

Mit der Inflation der Schneckenschalen ging der Handel zurück, und im Jahr 1896 wurde die letzte große Schiffssendung aus alten deutschen Warenhausvorräten in Umlauf gebracht. Nach einem über 600 Jahre oder länger andauernden Kaurihandel wurden in den afrikanischen Kolonien Gesetze verabschiedet, die den Gebrauch der Schalen als Geld verboten. Kleinere Mengen von Kaurischalen waren immer noch im nordwestlichen Ghana und an der Elfenbeinküste im Umlauf. Im Jahr 1949 betrug der Kaufpreis für eine Braut im südöstlichen Nigeria ungefähr 700 000 Kaurischnecken. Auf den Fiji-Inseln war bis vor einigen Jahren die Goldene Kaurischnecke (*Cypraea aurantium*) ausschließlich für den Dorfhäuptling reserviert, der sie als Zeichen seiner Würde an einem Band um den Hals trug. Auf Papua-Neuguinea werden die großen Schalen der Perlaustern poliert und in halbmondförmige Anhänger geschnitten. Diese Anhänger nennt man „Kina", sie wurden um den Hals getragen und hatten ebenfalls den Status von Geld. Der neu eingeführte Dollar von Neuguinea wird heute noch offizell „Kina" genannt.

Purpur, ein königlicher Farbstoff

Obwohl auf der Suche nach den Geldkauris unzählige Expeditionen unternommen worden sind, wurden wahrscheinlich die ersten größeren Suchaktionen nach Meeresschnecken in der Antike von den Phöniziern im Mittelmeergebiet durchgeführt. Schon tausend Jahre vor Christi Geburt war entdeckt worden, daß im östlichen Teil des Mittelmeeres zwei Arten von Stachelschnecken vorkommen, aus denen ein attraktiver, lichtechter Kleiderfarbstoff gewonnen werden konnte. Dieser wurde später „Königlicher" oder „Tyrrhenischer Purpur" genannt.

Das Berühren einer dieser lebenden Schnecken kann einen kräftigen violetten oder purpurfarbenen Fleck auf der Hand erzeugen. Verursacht wird dies durch ein schleimiges Sekret, das aus einer Drüse ausgeschieden wird, die am inneren Mantel der Schnecke angeheftet ist. Für einige Minuten erscheint der Schleim weißlich bis gelb, aber unter Einfluß von Salzwasser, das als Lauge wirkt, und Sonnenlicht verwandelt sich die Farbe der lichtempfindlichen Flüssigkeit in Purpur. Beide, das Alte und das Neue Testament belegen die Herstellung dieses Farbstoffs bereits im Altertum.

Die Sage, daß der Farbstoff durch einen am Strand entlangstreunenden Hund entdeckt wurde, der, nachdem er eine lebende Stachelschnecke (*Murex*) zerbissen hatte, ein purpurfarbenes Maul bekam, bezieht sich möglicherweise auf eine andere Schneckenfamilie. In der Erzählung wird weiterhin erwähnt, daß die Schnecke nur alle sieben Jahre wiederkehrt, was sich auf das gelegentliche Auftauchen der pelagisch lebenden Veilchenschnecke (*Janthina*) beziehen könnte. Diese Schnecke erzeugt ebenfalls ein Sekret zur Purpurherstellung.

Diese Veilchenschnecken leben in Schwärmen an der Ozeanoberfläche und halten sich über Wasser, indem sie an einem Floß angeheftet sind, das aus luftgefüllten Blasen besteht, die vom Fuß der Schnecke erzeugt werden. Einmal geboren, sind diese Schnecken dazu bestimmt, ein Nomadenleben zu führen und für den Rest ihres Lebens der Gnade der Winde und der Strömungen anheimgestellt zu sein. Diejenigen, die im Golfstrom geboren wurden und aufwuchsen, können so bis weit nördlich von den Britischen Inseln verfrachtet werden. Auf der ganzen Welt gibt es vier verbreitete Arten, deren Größe von der einer Erbse bis hin zu der einer Pampelmuse reicht.

Weitere Streifzüge auf der Suche nach Meeresschnecken wurden schon früh von den Indianern entlang der Pazifikküste Mittelamerikas unternommen. Ihre Suche auf wochenlangen Kanufahrten galt der Purpurschnecke, *Purpura*, die auf der felsigen Gezeitenzone lebt. Anders als die Phönizier, die ihre Schneckenschalen zerbrachen und die Tiere zerstörten, um an deren Farbstoff zu gelangen, stellten es die

Indianer an. Sie „molken" den Farbstoff ihrer *Purpura*-Schnecken in Kalebassen und setzten die lebende Schnecke wieder zurück auf die Felsen. Auf ihrer Rückreise eine Woche später wurde die gleiche Schnecke noch einmal gemolken. Die abgefüllte Purpurflüssigkeit wurde ausschließlich im Heimatdorf verarbeitet.

Rituelle und religiöse Bedeutung

Als die vorgeschichtlichen Menschen anfingen, in abstrakten Begriffen zu denken und Erklärungen für ihre natürliche Umgebung suchten, war es nur zu selbstverständlich, daß Schnecken- und Muschelschalen zu wichtigen Symbolen in den Riten der sich herausbildenden Religionen wurden. Waren doch Schnecken- und Muschelschalen reichlich gegenwärtig als Nahrungsmittel, Schmuckstücke und Werkzeuge.

Frühe Neandertalgräber und späte paläolithische Cromagnon-Gräber in Frankreich enthielten Meeresschalen, von denen viele in mystischen Mustern um die Schädel der Verstorbenen angeordnet waren. Andere wiederum waren angebohrt und zu Gürteln verarbeitet. Einige der ausgegrabenen Elfenbeinstoßzähne und Rentiergeweihe zeigten umrißartige Darstellungen von Herzmuscheln und Kaurischnecken. Die Gegenwart von Arten aus dem Roten Meer, etwa der Assel-Kaurischnecke (*Cypraea asellus*) und Roten Helmschnecke (*Cypraecassis rufa*) zeigen an, daß diese verehrten Objekte über große Entfernungen hinweg von einem Stamm von Frühmenschen zum anderen gehandelt wurden. Ohne Zweifel wurden diesen wunderschönen Geschenken des Meeres Zauberkräfte zugesprochen.

Die Entdeckung von Perlen der Schwarzlippigen Perlmuschel aus dem Indischen Ozean und deren Anbetung gab möglicherweise viel später den Anlaß zu der Vorstellung von der Geburt der Liebesgöttin aus der Schale einer Meeresmuschel. Wenn die Griechen und die Römer des Mittelmeergebiets ihre Liebesgöttin schon aus einer Muschel hervorgehen ließen, dann glaubten sie wahrscheinlich daran, daß sie der Schale der attraktiven und allgegenwärtigen Kammuschel entstiegen sein mußte.

Der Geschlechtskult um Aphrodite, der Gottheit der körperlichen Liebe, war um 400 vor Christi Geburt weitverbreitet in Griechenland und Mittelasien. Die frühen römischen Schriftsteller, wie zum Beispiel der Komödiendichter Plautius und später Plinius der Jüngere, glaubten, daß Venus, das römische Gegenstück zu Aphrodite, ebenfalls aus einer Meeresschale geboren sei. Einige behaupten, daß es sich dabei um eine Kaurischale gehandelt habe, andere wiederum vermuten, daß es eine Kammuschel gewesen ist. Bei der ältesten erhaltenen Darstellung wird die Göttin der Liebe bei der Geburt aus einer klaffenden Kammuschel dargestellt. Es handelt sich dabei um eine kleine Terrakottafigur, die aus einem Grab bei Taman am Schwarzen Meer, UdSSR, stammt, dessen Alter mit 400 Jahre vor Christi Geburt angegeben ist. Die Figur ist jetzt in der Eremitage in Leningrad zu sehen.

Von den Phöniziern, Syrern, Semiten und Babyloniern wurden viele Tempel zur Verehrung dieser Liebesgöttin gebaut. Gelegentlich wurde sie auch als Schutzgöttin der Seeleute dargestellt. Sie stand in Form einer Statue in einer Schalen-Grotte in Pompeii. Sie war dargestellt mit einem bronzenen Ruder in der Hand – ein Symbol für ihre magischen Kräfte, Seeleute sicher in ihren Hafen zu geleiten. Preisgünstige, unbemalte Terrakotta-Figuren von Aphrodite oder Venus, die gerade einer Kammuschel entsteigt, finden sich relativ häufig in Gräbern des zweiten und ersten Jahrhunderts vor Christi Geburt. Die phönizischen und griechischen Münzen dieser Zeit zeigen oft Abbildungen einer Meeresschale, für gewöhnlich handelt es sich um die Schale der Mittelmeerkammuschel, *Pecten jacobaeus*.

Die rituelle Bedeutung, die man mit dieser Mittelmeerkammuschel verband, erlebte in der römisch-katholischen Kirche im Spanien des 9. Jahrhunderts eine bedeutende Wiederbelebung. Schon viele Jahrhunderte vorher berichtet die Legende, daß der heilige Apostel Johannes auf Befehl von Herodes geköpft wurde. Die Überreste des Heiligen, die seine Jünger zurückbekamen, wurden nach Portugal gebracht,

wo durch das wundersame Eingreifen des Heiligen ein Ertrinkender und sein Pferd aus dem Meer errettet wurden. Da das Pferd, als es gefunden wurde, mit Dutzenden von Kammuscheln behängt war, wurde die Schale dieser Muschel das Zeichen des heiligen Jakob. Im Mittelalter wurde sein Schrein in Compostela in Spanien von christlichen Pilgern oft besucht, da die Moslems nach Jerusalem nicht zuließen. Pilger, die nach Frankreich oder nach England heimkehrten, nahmen als Andenken an diese Reise nach Compostela eine Kammuschel mit. Die Wappen vieler bekannter englischer Familien enthalten solche Kammuscheln als Zeugen einer einstigen Pilgerreise nach Compostela oder der Teilnahme an einem der Kreuzzüge.

Für Millionen von Hindus waren Einfluß und Bedeutung der fünfzehn Zentimeter großen Heiligen Schnecke, *Turbinella pyrum*, größer als die der Kammuschel unter den Christen. Nach dem Glauben der Hindus wurden die heiligen Schriften (Vedas) von dem Dämon Shankhasura gestohlen und im Meer in einer linksgewundenen Schale dieser sonst häufig in Indien vorkommenden – normalerweise rechtsgewundenen – Vasenschnecke versteckt. Der Gott Vishnu jagte ihm hinterher, tauchte ins Meer, besiegte den Dämon und brachte die heiligen Schriften in ihren Tempel zurück. Die Abbildungen des Gottes Vishnu zeigen heutzutage immer eine Nachbildung dieser linksgewundenen Vasenschneckenschale, die der Gott in einer von seinen vielen Hände hält. Die Schneckenschale wird häufig bei religiösen Feiern und bei Beerdigungen benützt.

Heute wird diese Schnecke oft im Nordwesten von Sri Lanka gefischt, wo man große Haufen ihrer Schalen in der Sonne braten und darauf warten sieht, in Armreifen zerschnitten und in den Tempeln zum Verkauf angeboten zu werden. Nur ein einziges von ungefähr zehntausend Exemplaren ist linksgewunden. Ein vollständig erhaltenes linksgewundenes Exemplar kann für bis zu umgerechnet viertausend D-Mark verkauft werden. Es gibt nur drei linksgewundene Schalen in amerikanischen Sammlungen.

Manchmal kann man die Schale einer normalerweise linksgewundenen Wellhornschnecke aus Florida an den Straßenständen in Indien und Sri Lanka mit einem Preisschild sehen, das anzeigt, daß diese Fünfzig-Cent-Schnecke aus Amerika hier für Hunderte von Dollars angeboten wird. Die meisten gebildeten Hindus erkennen sie als unechte, aber manch einer kann sich des Gefühls nicht erwehren, daß diese linksgewundene Schale doch irgendeine religiöse Bedeutung hat.

Keine Schneckenschale wurde mit dem Meergott enger in Verbindung gebracht als das Tritonshorn, *Charonia tritonis*. Dies liegt vielleicht darin begründet, daß diese attraktive und geräumige Schale die erste Trompete war. Die griechische Mythologie erzählt, daß während der großen Flut (ähnlich der in der Bibel beschriebenen) der Meergott Poseidon seinem Sohn Triton befahl in diese Schneckenschale zu blasen, um die Fluten zu bändigen und das Wasser zu beruhigen. Die Römer übernahmen diese Legende und in Sizilien zeigen Münzen, die 400 Jahre vor Christi Geburt geprägt worden sind, den Gott Triton, wie er seine Trompetenschale hält und hineinbläst.

Kurioserweise erscheinen diese Tritonshörner wieder auf Münzen und auf Briefmarken, die aus Ländern der südlichen Meere stammen, da die Menschen daran glauben, daß diese Schnecke in der Lage sei, die Überpopulation des korallenfressenden und dadurch riffzerstörenden stacheligen Seesternes zu kontrollieren. In Wirklichkeit ernähren sich die Tritonshörner für gewöhnlich von glatten Seesternen.

Eine Studie darüber wie die Gehäuse der Tritonshörner von den verschiedenen Kulturen als Trompeten benutzt wurden, wurde von dem Harvard-Conchyliologen Edward S. Morse aufgestellt. Er fand heraus, daß die Menschen auf der einen Hälfte der Welt den größeren Teil der Spitze (Apex) abfeilten, um so ein Loch zum Blasen zu erhalten, während der Rest der Welt, einschließlich der Menschen in der Karibik, Afrika und der Südsee, ein rundes Loch an der Seite der Spira anbrachte.

Schnecken- und Muschelschalen bei den Indianern Amerikas

Nahezu jeder amerikanische Indianerstamm, von den Inkas und Azteken der Anden, den Caribs und Arawaks der Karibik bis hin zu den Pueblo- und Huron-Indianern des nordamerikanischen Festlands, hat seine eigene, lange und interessante Geschichte im Gebrauch von Meeresschnecken und Muschelschalen aufzuweisen. Schalen wurden als Werkzeuge, Waffen, Flüssigkeitsbehälter (auf Barbados) und als geheiligte Gefäße (für die Seelen der Athabascan-Indianer Nordkanadas) benutzt.

Archäologen haben Handelsrouten der amerikanischen Festlandindianer rekonstruiert, indem sie den ursprünglichen Fundort der Schalen aus Gräberfeldern feststellten. Ein wichtiger Handelspfad existierte zwischen den Indianerstämmen um den Golf von Kalifornien und den inländischen Pueblo-Indianern. Überwiegend gehandelt wurden die glänzenden Schalen der Olivenschnecken und das bittersüße Fleisch der Venusmuschel, *Glycymeris*. Bei letzterer wurde die Schale so zugesägt, daß sie den Umriß eines Frosches erhielt, und es wurden kleine Plättchen der irisierenden Perlmutterschicht von Meerohrschalen eingelegt.

Aus Grabhügeln, die in Oklahoma in der Zeit zwischen 1200 und 1600 errichtet worden sind, wurden gut erhaltene, linksgewundene Gehäuse der Wellhornschnecke *Busycon* ausgegraben. Die Schale hatte auf ihrer Oberfläche wundervoll eingravierte Bilder.

Gut bekannt ist der Wampum, der ein handelsübliches Zahlungsmittel und eine besondere Art von Urkunde bei den nordöstlichen amerikanischen Stämmen darstellte. Beide, die weißen und die wertvolleren violetten Perlen wurden aus den dicken Schalen der sogenannten „Quahog" oder Dickschaligen Venusmuschel, *Mercenaria*, hergestellt. Diese Art von Geld wurde immer noch unter einigen Neuengland-Kolonisten bis zur Mitte des 18. Jahrhunderts benützt, bis ein allzu geschäftstüchtiger, mechanisch interessierter Mensch eine Maschine erfand, mit der er Millionen von solchen Perlen herstellen konnte.

Im Jahre 1770 bemerkte der Entdecker George Vancouver und die Siedler, die ihm später in den Nordwesten folgten, daß die Indianer Britisch-Columbias die nadelspitzen, fünf Zentimeter langen Schalen der sogenannten Zierlichen Elefantenzähne, *Dentalium pretiosum* (diese Tiere gehören zur eigenen Klasse der Kahnfüßer innerhalb des Stammes der Mollusken), als Zahlungsmittel benutzten. Die Schalen wurden aufgezogen und zu langen Gürteln zusammengeflochten, ähnlich wie es die Indianerstämme an der Atlantikküste taten.

Die Kameenschnitzerei

Bei vielen Kulturen waren die Schnecken- und Muschelschalen ein bevorzugtes Material für komplizierte Einlegearbeiten und Schnitzereien. So findet man solche Arbeiten bei den Ägyptern, im frühen China und bei den Azteken und Mayas.

Das Gehäuse des gekammerten Perlbootes (*Nautilus* – es handelt sich hier nicht um eine Schnecke, sondern um einen Verwandten des Kraken, beide gehören zur Klasse der „Kopffüßer") wurde für gewöhnlich graviert und auf einem kunstvoll verzierten Sockel montiert. Lange bevor die gravierten „Perlbootschalen" während der Renaissance in Europa immer beliebter wurden, kannte man solche schon im China der Ming-Dynastie. Aus dieser Zeit kennt man detaillierte Drachenszenen, die in die Perlmutterschicht der Nautilusschale eingraviert wurden. In Europa wurden die schönsten Nautilus-Gravuren über drei Generationen hin von der Familie Bellekin hergestellt. Gründer dieser Handwerker-Dynastie war Jeremie Belquin, ein Handwerker, der Einlegearbeiten für Musketen und Pistolen herstellte. In der Mitte des 16. Jahrhunderts zog er von Metz nach Amsterdam, wo er seine Kunstfertigkeit seinem Sohn und danach auch seinem Enkel, Cornelius (nun Bellekin geschrieben) beibrachte. Seine

gravierten und signierten Nautilus-Pokale waren an den Höfen des 18. Jahrhunderts der letzte Schrei.

Im antiken Rom war die Kunst des Gravierens ebenfalls beliebt, nur benutzte man dazu keine Schalen, sondern Halbedelsteine wie Onyx, Sardonyx und Karneol. Der Gebrauch von Schnecken- und Muschelgehäusen mit ihren verschiedenfarbigen Lagen kam in Europa erst im 15. Jahrhundert auf. Die Künstler benutzten zuerst kleine Porzellanschnecken, um Kameen für kleine Ringe herzustellen. Die Kameen hatten eine helle obere Schicht mit mehreren, braunen oder purpurroten darunterliegenden Schichten. Einer dieser ersten Schmuckhersteller war Benvenuto Cellini, der seine Werkstatt im Jahre 1519 in Rom gründete.

Zu dieser Zeit erreichte Italien ein ununterbrochener Zustrom von Schalen großer Helmschnecken, das sogenannte Bullenauge oder die Rote Helmschnecke, die hauptsächlich aus Sansibar kamen, weiter der sogenannte Königshelm aus der Karibik und in eingeschränkteren Mengen die Schale der Rosafarbenen Riesenflügelschnecke (*Strombus gigas*), die ebenfalls aus der Karibik kam. Die Schale der häufigen Gehörnten Helmschnecke aus Indonesien war für die Kameenschnitzerei nicht zu gebrauchen, da sie den schlechten Ruf hatte zu „splittern". Das heißt, daß die mittlere, weiße Schicht sich beim Bearbeiten schnell von dem darunterliegenden Orange abtrennt.

In Trapani auf Sizilien begann sich eine ganze Schule von Kameenschnitzern zu bilden. Einige wurden nach London und Amsterdam berufen. Im 18. Jahrhundert wurde Neapel mit seinem Vorort Torro del Greco zum führenden Zentrum der Kameenschnitzerei. Im Jahre 1810 gab es dort 200 Familien, die mit der Kameenschnitzerei ihren Unterhalt verdienten. Zusätzlich zu diesen meist kleinen Kameen, die aus dem eigentlichen Schneckengehäuse herausgeschnitten und auf silberne Gewandnadeln und Spangen montiert wurden, gab es auch einen großen Markt für große, attraktive mythologische Szenen, die auf dem ganzen Gehäuse belassen wurden. Im Jahre 1878 gab es achtzig Kameenschnitzer in Rom und dreißig in Genua. Der Handel dehnte sich aus bis nach Paris, wo schließlich über 3000 französische Kameenschnitzer billige Massenprodukte herstellten. Zu dieser Zeit wurden Tausende von Sträflingen von Frankreich nach Neu-Kaledonien verbannt, darunter einige Männer, die kundig in der Kameenschnitzerei waren – was dazu führte, daß im späten 19. Jahrhundert eine Flut von gravierten Nautilusgehäusen auf den Markt kam.

Diese Überproduktion in Paris und Neu-Kaledonien läutete das Ende der großen Kameenschnitzer ein. Der endgültige Untergang wurde nach dem Ersten Weltkrieg besiegelt, als Kunststoffrepliken und Porzellankameen auf den Weltmarkt kamen. Die großartigen Darstellungen von Helenas Flucht mit Paris, vom Triumph des Bacchus und von Mazeppa, die auf ein Pferd gebunden von Wölfen durch den Wald gejagt wird, sind heute in den Vitrinen der großen Kunstmuseen zu sehen.

Perlen

Wie nahezu jedermann weiß, sind Perlen das Produkt eines verirrten Sandkorns, das sich zufällig im Fleisch einer Perlauster ablagerte, wo es anschließend Lage über Lage von schillerndem Schalenmaterial, dem sogenannten Perlmutter, überzogen wurde. Dies ist nur teilweise richtig, da alle schalentragenden Weichtiere einschließlich der Meeresschnecken, der Gartenschnecken sowie überhaupt alle Muscheln in der Lage sind, Perlen zu bilden. Der Grund für ein solches „Ärgernis" kann das Eindringen von einem beliebigen winzigen Objekt sein, zum Beispiel einem Sandkorn, einem mikroskopisch kleinen Parasiten, dem Ei eines marinen Invertebraten, einem winzigen Krebschen oder sogar einem kleinen Fisch. Der schützende Mantel beginnt dann mit dem Einkapseln des Fremdkörpers durch Lagen von Perlmutter.

Die Größe, Farbe und Form der Perle kann beeinflußt werden durch die Lage innerhalb des Weichkörpers und das Tier, in welchem sich dieser Fremdkörper befindet. Eine Perle, die sich in einer Rosafarbenen Riesenflügelschnecke aus der Karibik bildet, wird eine schöne, glänzend rosa Farbe besitzen. Eine Perle, die am schwarzen Rand einer Venusmuschel oder Auster gebildet wird, wird schwarz sein. Die Riesenmuschel, deren Schaleninneres ein alabasterartiges Weiß besitzt, kann manchmal kugelförmige Perlen von der Größe eines Golfballes herausbilden.

Die wirtschaftlich wichtigen, irisierenden Schmuckperlen stammen von einigen Arten der Austerngattung *Pinctada*. Die aus Sri Lanka stammenden Perlen wurden von Perlaustern gebildet, die die Größe eines kleinen Serviertablettes haben, wohingegen die Muschelarten, die in Japan zur Perlzucht verwendet werden, viel dünnschaliger sind und nur die Größe einer Untertasse haben. Andere perlenproduzierende Austern gedeihen in der südlichen Karibik, um die Insel Margarita (das Wort bedeutet Perle), im Golf von Kalifornien und auf den Gesellschaftsinseln in Französisch-Polynesien.

Nicht alle Perlen sind perfekt rund. Viele sind mißgestaltig oder an der Seite, die der Schale zugewandt war, eingedrückt. Diese Art von Perlen werden Barockperlen genannt. Sie haben einen geringeren Wert und werden für gewöhnlich mit der schlechten Seite nach unten in Schmuckstücke eingelassen. Barockperlen werden häufig in Süßwasserperlmuscheln und in den schön irisierenden Schalen des Meerohres von Kalifornien gefunden. Die größte bekannte Perle ist ein sechs Kilogramm schweres, unförmiges Monster mit einem rohen, weißen Äußeren und stammt von einer Riesenmuschel (*Tridacna*). Die legendäre und illustre „Kokosnuß-Perle" stammte nicht von einer Kokosnuß, wie man sich über Jahrhunderte hinweg einbildete, sondern in Wirklichkeit von einer solchen Riesenmuschel.

Öffnet man Venusmuscheln und gewöhnliche Austern auf kommerziellen Muschelzuchten, so kann man im Laufe eines Tages einige Perlen finden. Der Wert dieser Perlen ist jedoch gering, da sie das gleiche Aussehen und die gleiche Farbe haben wie das Innere der Schalen, aus denen sie stammen. Ganz selten wird eine perfekte und runde Purpurperle von der Größe einer Erbse in einer Dickschaligen Venusmuschel (*Mercenaria*) oder Kirschkernmuschel gefunden. Ihr Wert beträgt aber lediglich einige D-Mark.

Die Popularität der rosa Perlen von den Fingerschnecken der Bahamas und die der kaffeebraunen Perlen von den Süßwassermuscheln der Flüsse, steigt und fällt über Jahre hinweg. Die sogenannte Königin-Perle von einer New-Jersey-Flußmuschel wurde im 19. Jahrhundert an die Kaiserin Eugenie von Frankreich für 25 000 Englische Pfund verkauft. Rosa Perlen können, je nach Größe und Vollkommenheit, für hundert oder sogar einige tausend Dollar verkauft werden, aber ihre Käufer müssen sich im klaren darüber sein, daß sich ihre Farbe unaufhaltsam in ein fades Weiß verwandelt, besonders, wenn man die Perle starkem Sonnenlicht aussetzt.

Eine Liebeserklärung an Schnecken- und Muschelschalen

Früheste Sammlungen

Schöne Schalen wurden schon von den vorzeitlichen Menschen geschätzt und verehrt, wie die Funde von Gehäusen der Tiger-Kaurischnecke und der Roten Helmschnecke in Gräbern des Cromagnon-Menschen zeigen. Erst viel später, ein paar Jahrhunderte vor Christi Geburt, wurden Schnecken- und Muschelschalen als Kuriositäten gesammelt und systematisch zu richtigen Sammlungen zusammengestellt. Als die Ruinen von Pompeii ausgegraben wurden, kamen große Schalensammlungen zum Vorschein. Viele der Schalen, die vor dem Ausbruch des Vesuvs im Jahre 79 gesammelt wurden, kamen offen-

sichtlich aus dem Roten Meer und dem Persischen Golf. Schon in diesen Tagen wurden also Schalen aus fernen Ländern mit nach Hause gebracht. Plinius der Ältere, der große römische Historiker, lebte in Pompeii und war Präsident der naturhistorischen Gesellschaft in dieser unglücklichen Stadt. Es ist durchaus möglich, daß die begrabene Sammlung ihm oder der Gesellschaft gehört hat.

Ein italienischer Conchyliologe aus dem 19. Jahrhundert berichtet von einem Gewinkeltem Tritonshorn, *Cymatium angulatum*, das in dieser Sammlung aus Pompeii vorhanden gewesen sein soll. Entweder handelt es sich dabei um eine Fehlbestimmung dieser in der Karibik recht häufig vorkommenden Schnecke, oder aber es stellt den Beweis dar, daß die Entdeckung Amerikas durch europäische Seefahrer lange vor Kolumbus stattgefunden hat.

Die ersten Bücher über Schalen

Nach dem Untergang des Römischen Reiches breitete sich das Muschelsammeln nach und nach über ganz Europa aus. Illustrierte mittelalterliche Schriften, das Werk von Mönchen in Klöstern, enthalten oft gute Abbildungen von Schnecken- und Muschelschalen aus dem Indischen Ozean. Nicht lange nach der Erfindung des Buchdrucks erschienen die Bücher von Conrad Gesner, im Jahr 1553, und von Ole Worm, im Jahr 1655. Sie enthielten Holzschnitte, die Schalen aus Asien und Afrika darstellten.

Das große Zeitalter der Entdeckungsreisen, als die Holländer, Franzosen, Dänen, Spanier und Engländer die Weltmeere besegelten, auf der Suche nach neuem Land, mineralischen Rohstoffen, Gewürzen, tropischen Hölzern und Heilpflanzen, eröffnete neue Sammelgebiete. Naturforscher und Seeleute brachten von den Reisen des Kolumbus Landschneckenschalen und Meeresschnecken- und Muschelschalen von Kuba, Hispaniola und den kleineren karibischen Inseln mit. Nur kurze Zeit später waren diese Schalen in prachtvollen zoologischen Büchern in Farbe abgebildet.

Das erste Buch, das sich einzig und allein den Weichtieren widmete, stammt von dem italienischen Naturforscher Fabio Colonna aus dem Jahr 1616. In ihm beschreibt er seine eigenen Beobachtungen und bildete zum ersten Mal Schalen der Elefantenrüsselartigen Walzenschnecke aus Westafrika und der Gerippten Herzmuschel aus Angola ab. Das erste Lehrbuch über Schalen wurde von dem Jesuitenpater Philippo Buonanni in Rom im Jahr 1681 geschrieben. Er betitelte sein Buch treffend: „Wie man durch Beobachtung von Schalen zur Entspannung der Augen und des Geistes kommt." Ungeachtet einiger kurioser Stellen besitzt das Geschriebene noch heute Gültigkeit. Er schrieb das Beste von den Werken des Aristoteles und Plinius ab und rühmt die Kunst des Schalensammelns. Viele der von ihm abgebildeten Arten stammen aus der Karibik und dem Indischen Ozean.

Frühe Sammler

Physiker hatten wegen ihrer biologischen Ausbildung und ihres Interesses an den Kuriositäten des Lebens einen großen Einfluß auf die Conchyliologie (Schalenkunde) oder Malakozoologie (Weichtierkunde) wie diese Wissenschaft auch noch genannt wird. Einer der ersten war Martin Lister, Physiker zu Zeiten Königin Annas von England, und Vorfahre des gleichnamigen Lister, nach dem das Mundwasser „Listerine" seinen Namen bekommen hat. Er begann im Jahre 1669 über Weichtiere zu schreiben, und mit Hilfe seiner zwei Töchter fertigte er ein gigantisches Werk mit vielen Tausenden von Holzschnitten, das in Abständen zwischen den Jahren 1685 und 1692 erschien. Botaniker und Pelzjäger, die die Neue Welt nach Schätzen durchkämmten, brachten eine Flut von neuen und interessanten Schalen mit zurück, die in Listers Hände kamen.

Vielleicht der größte unter diesen frühen Conchyliologen war Georg Rumphius, ein holländischer Wirtschaftsprüfer und Naturforscher, der von der Holländischen Ostindienkompagnie nach Amboina auf den Molukken geschickt wurde. In den vielen Jahren, in denen er sich in Indonesien aufhielt, sammelte er, stellte persönliche Beobachtungen an und beschrieb Tausende von Schalenformen und andere marine Lebewesen. Er schrieb ein reich illustriertes Buch, das viele Holzschnittafeln enthielt und das er „Kabinett mit Kuriositäten aus Amboina" nannte. Alles wurde verpackt und auf ein Schiff nach Holland verfrachtet, aber ein Sturm erfaßte dieses und versenkte es. Der unverdrossene Rumphius plagte sich Jahre später damit, sein Meisterwerk ein zweites Mal zu schaffen, aber er wurde blind, bevor er es abschließen konnte. Seine indonesische Frau und seine Assistenten halfen dem blinden Rumphius seine Aufgabe zu erfüllen, indem sie die Holzschnitte anfertigten, welche er durch Abtasten korrigierte. Er starb, bevor sein Buch in Holland im Jahr 1705 veröffentlicht wurde.

Als der schwedische Naturforscher Carl Linné im Jahr 1758 die zehnte Auflage seines berühmten Buches „Systema Naturae" schrieb, in dem er ungefähr 700 Arten beschrieb und zum ersten Mal das Klassifizierungsschema von Gattungs- und Artnamen für eine jede Art aufstellte, benutzte er Bilder aus den Büchern von Rumphius, Buonanni und Lister statt längerer Beschreibungen derselben. Damit war die „binominale" Namensgebung für wissenschaftliche Namen eingeführt.

Hugh Cuming, der größte Schalensammler

Von noch größerer Auswirkung war die ungeheure Sammelaktivität des Engländers Hugh Cuming, der im Jahre 1791 in der englischen Grafschaft Devon geboren wurde. Schon als Bub wurde er von Colonel George Montagu, einem bekannten Autor der über englische Weichtiere schrieb, angeleitet und angesteckt mit der Muschel-Leidenschaft. Hugh wurde in die Lehre zu einem Segelmacher geschickt, um dieses Handwerk zu lernen. Er ließ sich zuerst in Buenos Aires nieder und später in Valparaiso, Chile. Im Alter von 35 Jahren machte er eine reiche Erbschaft und setzte sich für den Rest seines Lebens zur Ruhe, um sich nur noch dem Muschelsammeln zu widmen. Seine Aktivitäten als der Welt erster Muschelhändler ermöglichten es ihm, seinen Reichtum zu bewahren.

Cuming persönlich sammelte und vervollständigte durch Tausch die größte Sammlung von Muscheln, die jemals von einer einzigen Person zusammengebracht wurde. Es wird geschätzt, daß seine Sammlung, als sie im Jahr 1866 vom Britischen Museum übernommen wurde, 19 000 Arten umfaßte, was für die damalige Zeit eine unvorstellbar große Anzahl war. Es ist wahrscheinlich, daß er zu seinen Lebzeiten über fünf Millionen Exemplare zusammengesammelt hat. Er war der erste der eine Yacht – namens Discoverer – konstruierte und ausstattete, die einzig und allein dafür bestimmt war, Schalen zu sammeln und zu bergen. Am 28. Oktober 1827 setzte er Segel und fuhr in Richtung Polynesische Inseln. Während der ersten Reise, die insgesamt acht Monate dauerte, besuchte er die Osterinseln, Pitcairn, Tahiti und die Marquesas-Inseln. In 69 Tagen sammelten er und seine Taucher 28 000 Perlen, von denen jedoch die meisten nur einen geringen Wert hatten.

Auf der Insel Pitcairn half ihm John Adams, der letzte Überlebende der neun Meuterer von der Bounty, der hier vor Kapitän Bligh Zuflucht gesucht hatte. Kurioserweise, und vielleicht Ironie des Schicksals, sammelte Kapitän Bligh ebenfalls Schalen, und seine schöne Sammlung wurde von seiner Frau in London zur Auktion angeboten. Das war fünf Jahre vor Cumings erster Reise. Das Schalenkabinett der Witwe war aus Hölzern gefertigt, die der Kapitän in der Botany-Bucht auf Australien schlagen ließ, einem bekannten Sammelplatz.

Hugh Cumings zweite Reise führte an der Ostküste von Süd- und Zentralamerika entlang bis zu den Gewässern um Cortez, Mexiko. Er suchte unterwegs viel und beobachtete Hunderte von unbekannten Arten, um sie später durch so bekannte Conchyliologen wie Sowerby, Reeve und Philippi beschreiben zu lassen. In Zentralamerika zeigten ihm die Indianer wie man den Purpursaft von den Purpurschnecken der

Felsküste gewinnt, indem man ihren Deckel ins Gehäuse drückt. Ein Strang Baumwolle, der von ihm gefärbt wurde, ist noch im Britischen Museum für Naturgeschichte erhalten.

Cuming kehrte im Jahr 1831 mit seinen neu gesammelten Muscheln nach England zurück und wurde schnell zum Liebling der englischen Sammler und zum Verfasser von Büchern über Muscheln. Das schöne Werk Sowerbys mit dem Titel „The Conchological Illustrations" das in den Jahren von 1832 bis 1841 veröffentlicht wurde, enthält 200 handkolorierte Stahlstichtafeln, die die meisten von Cuming neu entdeckten Schalen zeigen.

Aber Cuming, nun über vierzig, war immer noch kräftig und danach bestrebt, zu neuen tropischen Sammelstellen zurückzukehren. Die noch unerforschten Philippinen mit ihren verführerischen Kostproben von exotischen, marinen Schnecken- und Muschelschalen und den sagenhaften Baumschnecken waren so verlockend, daß er nicht widerstehen konnte. Ausgestattet mit Botschaftspapieren und spanischen Sprachkenntnissen, fuhr Cuming nahezu jede der größeren Inseln des Archipels ab. Er bediente sich der Hilfe von katholischen Priestern, Hunderten von eingeborenen Tauchern und Tausenden von Schulkindern. Die Schalen kamen oft in so großen Mengen an, daß er nicht Zeit genug hatte, sie zu säubern und zu verpacken. Es wird vermutet, daß er über 3000 neue Weichtierarten auf den Philippinen entdeckt hat. Die meisten sind Landschnecken sowie Süßwassermuscheln und -schnecken, jedoch waren auch viele darunter, die aus dem Meer kamen. Von 1827 bis 1850 wurden eine Gattung und 105 neue Arten nach Cuming genannt. Bis 1870 wurden weitere 92 Arten „cumingii" oder „cumingiana" genannt, und selbst heutzutage gibt es neue Arten, denen dieser Name verliehen wird. Seine Funde von neuen Pflanzen sind ebenso eindrucksvoll.

Europäische Forschungsreisen

Endlich war die Bühne frei für moderne Muschel-Expeditionen. Über Jahrhunderte tröpfelten die tropischen Arten spärlich auf den Handelsplatz Europa oder direkt zu wohlhabenden Adeligen und Händlern, die miteinander um die Schätze von Gott Neptun konkurrierten. Der wohlhabende englische Apotheker James Petiver schrieb im späten 17. Jahrhundert einen Artikel über die Art und Weise wie Seeleute Schalen sammeln und bewahren können. Sir Hans Sloane, ein Physiker und früher Gouverneur von Jamaica, stellte eine Sammlung mit karibischen Schalen auf, die später zum Kern der Molluskensammlung des Britischen Museums wurde.

Die frühesten und bedeutendsten Forschungsreisen unter staatlicher Obhut waren die drei Reisen unter dem Kommando von Kapitän Cook. Im Jahr 1768 beauftragte die britische Regierung Cook damit, in der Südsee den Durchgang der Venus hinter die Sonne zu beobachten. An Bord waren zwei bekannte Naturforscher, Sir Joseph Banks, damals 25 Jahre alt und noch nicht geadelt, sowie Dr. Daniel Solander, ein früherer schwedischer Schüler von Linné. Diese beiden verwandelten die Endeavour in ein schwimmendes Museum für Naturgeschichte, bevor sie im Jahr 1771 nach England zurückkehrte. Während dieser drei Reisen, einschließlich der letzten, auf der Cook sein Leben auf Hawaii verlor, wurden viele hundert neue Arten gesammelt. Diese gelangten letztendlich in die Sammlungen von bekannten englischen Conchyliologen.

Die größte Expedition, die von der britischen Regierung angesetzt wurde, war die Reise des biologischen Forschungsschiffes Challenger, das tiefste, noch nicht bekannte Teile des Atlantischen und Pazifischen Ozeans vom Dezember 1872 bis zum Mai 1876 erforschte. Einer Reise, die über die Entfernung von 69 000 Seemeilen ging und auf der 362 Sammelstationen lagen. Über 1800 verschiedene Molluskenarten wurden gefunden, von denen einige aus einer Tiefe von 2900 Faden, also mehr als zwei Kilometer, stammten.

Die Briten unterstützten über die Jahre hinweg noch viele andere Forschungsreisen, die nur zu einem kleinen Teil die Weichtiere untersuchten. Einige Arten, einschließlich einiger neuer Seepockenarten, wurden von Charles Darwin in den Jahren von 1832 und 1833 auf seiner Reise mit der H.M.S. Beagle nach den Galapagos-Inseln gesammelt. Auf der Entdeckungsreise der Samarang, sie führte in den Jahren von 1843 bis 1846 nach Indonesien und Ostasien, sammelte der Schiffsarzt Dr. Arthur Adams viele neue Arten, die er später beschrieb. Einige von ihnen stammten aus dem schlammigen Grund, wo sie sich am Anker festhefteten. Adams warf seine Beute in mit Meerwasser gefüllte Schüsseln und stellte schöne Zeichnungen der lebenden Tiere her, die im Jahre 1850 veröffentlicht wurden.

Amerikanische Forschungsreisen

Das junge Amerika wollte bei den ausgedehnten Unternehmungen der europäischen Nationen mithalten und organisierte auf das Drängen seiner Wissenschaftler im Jahr 1837 eine Forschungsreise, die die Aufgabe hatte, in den südlichen Meeren zu kartieren und Voruntersuchungen zu machen für neue Walfangstationen. Ein junger Seemann und Naturforscher aus Bosten namens Joseph Pitty Couthouy reiste extra nach Washington, D.C., und überredete den damaligen Präsidenten Andrew Jackson, sich für ihn einzusetzen, damit er der Conchyiologe in der Mannschaft der Wissenschaftler wurde. Die Expedition startete im Jahre 1838 von Norfolk in Virginia, umfuhr Kap Hoorn und machte zahlreiche Stops auf den polynesischen Inseln. Wegen einer Meinungsverschiedenheit mit dem Kommandierenden Offizier verließ Couthouy die Expedition auf Samoa.

Die Funde dieser Reise wurden im Keller des damals neu gegründeten Smithsonian Instituts aufbewahrt. Ein damaliger Minister war gleichzeitig Hobby-Naturforscher und versprach, sich freiwillig um die Funde zu kümmern. Die Schnecken und Muscheln waren ursprünglich alle sorgfältig in Gläsern mit Alkohol aufbewahrt. Der freiwillige Helfer dachte nicht daran, daß die kleinen Blechschilder die genauen Stationsnummern enthielten, von denen die Stücke stammten. Er nahm das Material heraus und füllte es sorgfältig in separate Gläser. Trotz des Verlustes der Funddaten wurde schließlich von dem Bostoner Conchyiologen Augustus A. Gould eine lobenswerte Veröffentlichung vorbereitet.

Seltene Schalen

In der Natur gibt es wahrscheinlich keine wirklich seltene Schnecken- und Muschelart, die so einzigartig und durch so wenig Individuen in der freien Natur vertreten wird, daß sie als rar bezeichnet werden kann. Im Unterschied zu den von Menschen hergestellten Briefmarken und Münzen, von denen man in einigen Fällen von einem einzigen Fehldruck oder nur einigen übriggebliebenen Exemplaren weiß, sind Schnecken und Muscheln Lebewesen, die sich bereitwillig fortpflanzen. Die meisten der hochbezahlten Raritäten, wie das 14 000 Dollar teure Gehäuse der Fulton-Kaurischnecke oder das 5000 Dollar teure der Rumphius-Schlitzbandschnecke, sind möglicherweise relativ häufig in ihrem natürlichen Habitat. Unglücklicherweise (für die Sammler, nicht so für die Schnecke) leben sie in beträchtlicher Wassertiefe oder in unzugänglichen Gebieten unter Meeresklippen, so daß bisher nur einige Exemplare an das Tageslicht kamen. Die meisten der ungefähr zwölf Exemplare der acht Zentimeter großen Fulton-Kaurischnecke wurden nicht durch Taucher oder mit Netzen gefangen, sondern kamen aus dem Magen eines bestimmten muschelfressenden Fisches, der an der Küste von Natal in Südafrika vorkommt. Der Fisch verschlingt die Kaurischnecke und frißt dann den Köder am Haken eines Tiefseefischers. Dieser bringt den Fisch daraufhin an die Wasseroberfläche und nimmt ihn aus, bevor die Magensäfte die schöne, glänzende Oberfläche der Schale zerstören können.

Um in den Ruf eines wertvollen, begehrenswerten Sammlerstückes zu kommen, muß eine Art vor allem selten in den Sammlungen vertreten, schwierig in guter Erhaltung zu bekommen und schön genug in Farbe und Skulptur sein, damit sie bewundert wird und den Neid anderer Sammler hervorruft. Manchmal hilft auch, daß sich eine phantasievolle Erzählung um die entsprechende Art rankt. Es gibt viele kleine, triste Schalen, von denen nur ein oder zwei Exemplare bekannt sind, die jedoch auf dem freien Markt höchstens ein paar D-Mark bringen würden. Schalen, die vor einigen Jahren einmal für sehr selten und wertvoll gehalten wurden und bei Auktionen hohe Summen erzielten, sind heutzutage nur noch einige D-Mark wert. Neue Sammelmethoden oder die zufällige Entdeckung ihres eigentlichen Lebensraumes machen sie heute zu leicht zu bekommenden Arten. In Kürze ist der Markt mit einigen Stücken überschwemmt. Das ist auch ein Grund, weshalb eine Zucht wirklich rarer Schnecken- und Muschelarten nicht praktiziert wird, da es nur sehr teuer ist und sich auf lange Sicht nicht lohnt.

Vielleicht die bekannteste unter den seltenen Schalen, die von ihrer hohen Werteinschätzung als die „seltenste Schale" gewaltig eingebüßt hat, ist die sogenannte „Glorie der Meere". Ein zwölf Zentimeter großes, einigermaßen attraktives Kegelschneckengehäuse mit majestätischem Umriß und unzähligen feinen, zeltähnlichen Markierungen. Das erste Exemplar tauchte im Jahre 1757 in der Sammlung eines Holländers auf. Zu diesem frühen Zeitpunkt waren die Kegelschnecken die beliebteste Schneckenfamilie bei den europäischen Schalensammlern. Friedrich Chemnitz, ein Naturforscher aus Nürnberg, beschrieb und benannte diese Art im Jahre 1777 als *Conus gloriamaris*, Glorie der Meere, und für achtzig Jahre blieb dieses Stück Gegenstand des Neids und Heiliger Gral für alle Schalensammler. Um das Jahr 1827 wurden weitere vier Exemplare bekannt, doch von keinem wußte man, wo es herkam – außer daß es irgendwo aus dem südlichen Pazifik stammte.

Im Jahre 1827 war die Welt der Schalensammler wie elektrifiziert von der Nachricht, daß der weltbekannte Sammler Hugh Cuming zwei lebende Exemplare dieser Art unter einem Felsen auf einem Riff der Bohol-Insel auf den Philippinen gefunden hatte. Dieser berichtet trocken davon; „Ich bemerkte es mit einem gewissen Vergnügen." Um dieser momentanen Lage noch etwas hinzuzufügen, erfand der englische Autor S.P. Woodward zwei Geschichten. Die erste war, daß drei und nicht zwei Exemplare gefunden worden waren, und die zweite war, daß durch ein Erdbeben das Riff versenkt und vom Meer verschlungen worden sei, kurz nach Cuming's Fund. So war die einzige bekannte Fundstelle für diese Art für immer verloren!

Um den Mythos dieser Art noch zu steigern, erzählt Woodward noch eine andere, nicht belegbare Geschichte von einem französischen Sammler, der angeblich das einzige Stück dieser Art in Frankreich besaß. Dieser überbot bei einer Auktion, bei der ein zweites Exemplar angeboten wurde, alle anderen Käufer, um es zu bekommen. Als er die Schale der Kegelschnecke zugeteilt bekam, zertrat er sie mit dem Absatz und erklärte: „Nun ist mein Exemplar das einzige!"

Um 1954 waren insgesamt 26 Exemplare der Schale der „Glorie der Meere" bekannt, die meisten stammten von den Philippinen und Indonesien von gut bekannten Lokalitäten. Immer noch war diese Schale die begehrteste der ganzen Welt. Um das Jahr 1963 tauchten einige gute Exemplare von den britischen Salomon-Inseln auf. Ein dreizehn Zentimeter großes Exemplar wurde für 2000 Dollar angekauft und der Akademie für Naturwissenschaften in Philadelphia geschenkt. Die mit Preßlufttauchgeräten ausgestatteten Taucher der Salomon-Inseln waren normalerweise damit beschäftigt Messingschrauben oder andere wiederverwertbare Gegenstände von den im Zweiten Weltkrieg gesunkenen Kriegsschiffen zu bergen. Nun richteten sie ihre Suche nach den seltenen Kegel- und Kaurischnecken. Bei Lunga Point an der Nordküste der Insel Guadalcanal kamen Dutzende von Exemplaren aus einer Tiefe von 27 Meter ans Licht und in noch neuerer Zeit brachten philippinische Netze über 200 Exemplare zur Oberfläche. Um das Jahr 1980 war dann der Knoten geplatzt, und es wurden einige gute Exemplare für weniger als hundert Dollar verkauft.

Andere Kegelschneckengehäuse wie das der Unvergleichbaren Kegelschnecke, *Conus cedonulli*, aus der südlichen Karibik, der Sankt-Thomas-Kegelschnecke, *Conus thomae*, von Indonesien und Thailand, der Rhododendron-Kegelschnecke, *Conus adamsonii*, von Zentral-Polynesien und der Palisaden-Kegelschnecke, *Conus cervus*, von den Philippinen erlebten einen ähnlichen Fall ihres Wertes. Alle wurden früher einmal mit weit mehr als 1000 D-Mark pro Stück gehandelt und sind heute für ein Fünftel dieses Preises zu haben. Raritäten wie das Gehäuse der Vic-Wees-Kegelschnecke und der Du-Savels-Kegelschnecke befinden sich noch in Wartestellung.

Zu den frühen unbezahlbaren Schätzen gehörte auch das Gehäuse der Grazilen Wendeltreppe, *Epitonium scalare*, das schon recht früh – um das Jahr 1663 – in den besten holländischen Sammlungen auftauchte. Während der nächsten 150 Jahre erzielten diese Schalen sehr hohe Preise auf Auktionen. Die fünf Zentimeter hohe, rein weiße Schale mit zierlichen, dünnen, hervorstehenden Rippen ist das beste Beispiel für eine architektonische Meisterleistung in der Natur. Die ersten, wenigen Exemplare kamen aus Ostindien. Es wird berichtet, daß eine französische Gräfin ein ganzes Landgut gegen ein perfektes Stück eintauschte, und daß der Ehemann von Maria Theresia, Kaiser Franz I. Stephan um das Jahr 1750 4000 Gulden für eine solche Schale bezahlte. In den frühen Jahren des 19. Jahrhunderts erreichten diese Stücke immer noch hohe Preise in London. Wie dem auch sei, diese Art ist relativ häufig in Nordostaustralien, und nach der Besiedlung dieses Kontinents begannen die Preise zu fallen. Heutzutage kann man ein solches Exemplar für ein paar D-Mark erwerben.

S.P. Woodward erfand auch hierzu eine Geschichte, nämlich, daß chinesische Händler Nachbildungen aus Reispaste hergestellt hätten. Es bestehen berechtigte Zweifel daran, daß dies mit Erfolg durchgeführt werden konnte und seit Jahren trachten Sammler vergeblich danach, eine solch kunstvolle Nachbildung zu finden. Wenn eine solche je gefunden wird, wäre sie hundertmal mehr wert als eine echte Schale!

Die Geschichten um rare Schalen hat Amateure wie Wissenschaftler fasziniert, so daß der englische Conchyliologe S. Peter Dance, ein ganzes Buch diesem Thema widmete („Rare Shells", University of California Press, Berkeley, 1969). Er präsentierte eine faszinierende Darstellung der fünfzig seltensten Schalen. Von einigen weiß man heute schon, daß sie recht häufig sind. Zwanzig Jahre später wurden nur noch zehn davon als selten bezeichnet – aber vierzig neue könnten dazugezählt werden.

Unter den als sehr teuer eingeschätzten Schalen ragen das fünf Zentimeter große Gehäuse der Fulton-Kaurischnecke von Südafrika, die Broderip-Kaurischnecke aus Mosambik, und die Charleston-Schlitzbandschnecke, *Perotrochus charlestonensis* Askew, heraus. Letztere wurde erst in neuester Zeit, im Jahr 1988 beschrieben. Sie wurde 90 Meilen östlich von Charleston, Süd-Carolina, in 200 Meter Wassertiefe von dem Tauchboot „Johnson-Sea-Link I" aus entdeckt. Diese Schneckenfamilie ist als 300 Millionen Jahre altes Fossil recht gut bekannt. Die Gattung galt jedoch als ausgestorben, bis im Jahre 1856 in der Karibik ein lebendes Tier gefunden wurde. Diese ursprüngliche Schneckengattung ist gekennzeichnet durch einen langen, natürlichen Schlitz in der letzten Windung. Heute, mit Hilfe der neuen Fangmethoden, die den Conchyliologen zur Verfügung stehen, sind 25 neue Arten und Unterarten entdeckt worden. Ein großes Exemplar einer Rumphius-Schlitzbandschnecke das die Größe eines Basketballes hatte, wurde kürzlich vor Taiwan geborgen und für 6000 Dollar an einen italienischen Schalensammler verkauft.

Fälschungen und Mißbildungen

Viele Schalen, die frisch aus dem Meer stammen, sind entweder mit einer natürlichen, braunen Haut bedeckt, dem Periostrakum, oder sie sind stark überkrustet mit Algen, Korallen oder Schwämmen. Die gebräuchlichsten Methoden, wie man solche Schalen seit Jahren reinigte, war das Eintauchen in Laugen, das Schrubben und Abbürsten mit einer Stahlbürste und das Auskochen der Schale, um Fleischreste zu entfernen. Manchmal verschönerten Sammler und Händler ihre Schalen durch eine chemische Behandlung, obwohl die Praktik des Ätzens im 18. Jahrhundert allgemein verurteilt war, da die Schalenoberfläche dadurch ein künstliches, öliges Aussehen erhielt.

Rumphius bemerkte in seinem 1705 erschienenen Buch „Amboinsche Rariteikamer" folgendes zur Schalenpflege: „Um ihren lebhaften Glanz zu erhalten, muß man die Schalen ab und zu in Meerwasser tauchen, mindestens jedoch alle zwei Jahre. Dies wird das Tauchen der Schalen genannt. Nach dieser Prozedur sollten sie mit Süßwasser abgespült und in der Sonne getrocknet werden (im Schatten wäre es besser gewesen!). Dann sollte man sie lange und vorsichtig mit einem wollenen Tuch abreiben, bis sie warm und glänzend wie ein Spiegel sind (offensichtlich nur Porzellanschnecken und Olivenschnecken)."

Das Behandeln von Schalen war weit verbreitet unter den holländischen Händlern des 18. Jahrhunderts. Gesplitterte Gehäuselippen wurden sorgfältig glattgeschliffen, häßliche Risse und Löcher wurden schlau versiegelt, abgebrochene Stacheln wurden geschickt ersetzt und verblaßte Flecken mit Farbe aufgefrischt. In der Sammlung des Harvard Museum of Comparative Zoology wird die einzige bekannte rosafarbene Schale eines Papierbootes, *Argonauta argo*, aufbewahrt. Bei dieser Schale handelt es sich um einen papierdünnen, normalerweise weißen Eibehälter, der von octopusähnlichen Tieren ausgeschieden wird. Der einstige Besitzer zahlte im Jahr 1850 1000 Dollar dafür. Hundert Jahre später zeigten Untersuchungen, daß die Schale künstlich gefärbt war.

Manchmal findet man in alten Sammlungen stark gefleckte und gestreifte Schalenexemplare von philippinischen Baumschnecken. Diese Gehäuse der Baumschnecken der Gattung *Helicostyla*, von der über 150 Varietäten bekannt sind, sind stark gefragt unter den Kennern der Landschnecken. Ein französischer Händler des 19. Jahrhunderts änderte die Farbe auf der Außenseite der Schalen durch Auflegen von heißem Eisen. Im Jahr 1987 bildete ein bekanntes deutsches Buch über tropische Landschnecken zwei solcher Fälschungen ab, in dem Glauben, daß es sich dabei um neue Arten handeln könne.

In der Farbe gefälschte Schalen waren jedoch nichts Neues. Schon Carl Linné, der als erster neue Arten benannte, fiel auf eine stark polierte arabische Kaurischneckenschale herein. Die Oberfläche der Schale war ganz abgeschliffen, damit die darunterliegende violettfarbene Schicht zum Vorschein kam. Er nannte diese Schale im Jahr 1758 nach dem Halbedelstein Amethyst *Cypraea amethystea* und glaubte, es handle sich dabei um eine neue Art. Diese Art der Verfälschung wurde häufig an den kleinen Schalen der Porzellanschnecken praktiziert, die als Zahlungsmittel nach China exportiert wurden. Frühe chinesische Berichte schildern kleine, abgeriebene, purpurrote Kaurischnecken-Schalen – nicht so echt purpurfarbig wie die seltene Schale der *Cypraea poraria*, aber ähnlich den Gehäusen von schwach polierten Kaurischnecken wie *Cypraea annulus* und *caputserpentis*.

Natürliche Mißbildungen (Freaks)

Es verwundert einen nicht, daß bei den meisten Weichtieren (Mollusken), die sich in der Regel in einer Saison hundertfach, tausendfach und in einigen Fällen sogar zehntausendfach vermehren können, manchmal von der Natur mißgebildete Schalen entstehen. Mißbildungen an Schalen, sogenannte Freaks, können durch einen genetischen Defekt, einen Fehler in der frühen Teilung des Eies, mechanische Verletzung des schalenbildenden Mantels oder sogar durch ungünstige Lebensbedingungen entstehen.

Die häufigste Ursache für Freaks ist eine mechanische Verletzung des Mantelrandes. Einsiedlerkrebse und bodenbewohnende Fische können hervorstehende Teile des schalenproduzierenden Mantels abbrechen und können dadurch das Wachsen eines Stachels stoppen, Doppelstacheln verursachen oder die Wachstumsrichtung des nachfolgenden Umgangs ändern, was sich in einer schiefen Spira auswirkt. In seltenen Fällen wird ein ganzes Loch in die letzte Windung geschlagen, durch das das Tier hervorsteht und hier dann eine neue Mündung bildet. Wenn eine Verletzung an der inneren Lippe der Schale stattfindet, so ist diese für gewöhnlich schnell geheilt. Selten findet man das große Gehäuse einer australischen Walzenschnecke mit Narben, die klar erkennbar von den Sägezähnen der Haifische herrühren.

Die meisten Schnecken sind rechtsgewunden, das heißt, der Mantel der Schnecke lagert sein neues Schalenmaterial im Uhrzeigersinn an die äußere Lippe des Gehäuses an. (Wenn ein Betrachter die Schneckenschale mit ihrem enger werdenden Apex nach oben hält, so ist die Mündung immer auf der rechten Seite). Nur sehr selten führt eine Mutation oder eine Verletzung am Ei dazu, daß eine Schneckenschale gegen den Uhrzeigersinn wächst. Diese Gehäuse nennt man sinistral. Diese linksgewundenen Gehäuse sind extrem rar unter den Kegelschnecken, Porzellan- oder Kaurischnecken und den Stachelschnecken. Bei den kleinen, glänzenden Gehäusen der Randschnecken (*Marginellidae*) sind linksgewundene Gehäuse nicht so rar, kommt doch immerhin auf zehntausend Exemplare ein linksgewundenes. Einige Arten von Meeresschnecken besitzen nur linksgewundene Gehäuse, wie zum Beispiel die aus Florida stammende sogenannte Blitz-Wellhornschnecke. In diesem Fall ist es gerade andersherum, denn ein rechtsgewundenes Exemplar ist der Traum eines jeden Sammlers. Besonders rar und teuer ist das linksgewundene Gehäuse der Junonia-Schnecke *Scaphella junonia*, wovon in den letzten zweihundert Jahren nur vier Exemplare gefunden wurden.

Albinismus ist nicht selten bei manchen Arten, bei anderen ist er hingegen nicht bekannt. Für gewöhnlich stellen die rein weißen Schalen einen Albinismus dar, der sich nicht auf die Weichteile des Tieres erstreckt. Im Südwesten von Florida ist die Albino-Egmont-Herzmuschel, *Trachycardium egmontianum*, und die Florida-Kronenschnecke, *Melongena corona*, nicht sehr rar, jedoch wird sie selten gefunden. Ganz schwarze Gehäuse von Olivenschnecken und Kaurischnecken sind bei manchen Arten dieser Familien mit den glänzenden Schalen sehr selten, jedoch nicht bei allen.

Sogar die Mutter Natur hat mit großem Erfolg versucht, gefälschte Schalen herzustellen. Die häufigste ist wohl die Schale der Köcherfliegenlarve. Der Köcher besteht aus winzigen, miteinander verklebten Quarzkörnchen. Diese Larvenhüllen von Fliegen wurden irrtümlicherweise in drei verschiedenen Fällen als neue Arten von Weichtieren beschrieben. Gleichermaßen erstaunlich ist die fünf Zentimeter lange Wurmröhre des marinen Vielborsters *Pectinaria*, die aus zusammengebackenen Sandkörnern besteht.

Große, heute bestehende Sammlungen

In der ganzen Welt gibt es vielleicht 30 000 ernsthafte Schalensammler, die wiederum in über hundert Clubs organisiert sind. Es gibt verschiedene nationale Verbände, zwei davon in den Vereinigten Staaten – zum einen die „American Malacological Union" für Wissenschaftler und Studenten, zum anderen die „Conchologists of America" eine Gesellschaft mit über tausend Amateuren.

Große private Sammlungen gibt es in den Vereinigten Staaten, Japan, Italien, Deutschland, England und Australien. Die meisten enthalten speziell Schalen aus dem entsprechenden Land, jedoch gibt es auch viele, die weltweit sortiert sind. Einige Sammlungen sind bekannt wegen ihres durchweg selbst aufgesammeltem Materials, andere sind berühmt, weil ihr Besitzer durch Tausch und Kauf eine nahezu vollständige (was Arten anbetrifft) Sammlung in bestimmten Familien erreicht hat.

Die größte und vollständigste Schalensammlung in den Vereinigten Staaten, und vielleicht in der ganzen Welt, ist diejenige des „U.S. Natural History Museum" das zur „Smithsonian Institution" in Washington, D.C., gehört. Diese wissenschaftliche Sammlung ist nicht öffentlich zugänglich. Das Material, das in staubdichten Schränken lagert, ist so immens, daß nur ein kleiner Bestandteil in der Dauerausstellung gezeigt wird. Im Jahr 1989 umfaßte die Sammlung 980 000 verschiedene Serien oder Proben von Schalen, jede mit einem Etikett versehen, auf dem der Fundort, das Funddatum und der Finder vermerkt ist. Jedes Exemplar ist sorgfältig numeriert, damit Verwechslungen ausgeschlossen sind. Weitere 100 000 Serien warten auf das Katalogisieren. Die gesamte Sammlung wird wohl über zehn Millionen Exemplare beinhalten. Vier Wissenschaftler, alles ausgebildete Malakozoologen, forschen kontinuierlich an diesem Material. Man vermutet, daß die nationale Sammlung ungefähr 30 000 verschiedene Arten enthält, was ungefähr einem Drittel aller bekannten Arten entspricht.

Die zweitwichtigste Sammlung und zugleich auch die älteste wissenschaftliche Sammlung mit Mollusken ist die der „Academy of Natural Sciences of Philadelphia", die im Jahre 1812 gegründet wurde. Sie besitzt nur ungefähr die halbe Größe der Nationalen Sammlung, ist aber besonders reich an Typenmaterial, das heißt an Schalen, die bei der Erstbeschreibung und Benennung einer neuen Art durch die Pioniere der Conchyliologie Amerikas zugrundelagen. Nur einige dieser Pioniere seien hier genannt: Thomas Say, Isaac Lea, Timothy Conrad und Henry A. Pilsbry.

Andere, gleichermaßen bedeutende Museumssammlungen von nahezu der gleichen Größe befinden sich im „Harvard's Museum of Comparative Zoology" in Cambridge, Massachusetts, im „American Museum of Natural History" in New York City, in Chicagos „Field Museum of Natural History" und in der „California Academy of Sciences" in San Francisco. Andere große Sammlungen gibt es in Los Angeles, Gainsville, Florida, San Diego, Honolulu, Houston und Pittsburg.

Das einzige Museum, das nur den Amateuren und den Schülern gewidmet ist, ist das „Shell Museum and Educational Foundation" auf der Sanibel-Halbinsel, Westflorida. Diese neu ins Leben gerufene Institution, gegründet an Amerikas bekanntestem Sammelstrand, hat sich zur Aufgabe gemacht, das Wissen über die Weichtiere durch Ausstellungen, Seminare und Veröffentlichungen an einen weiten Kreis von Personen zu übermitteln.

Außerhalb der Vereinigten Staaten gibt es große, wichtige wissenschaftliche Sammlungen, die meist durch den Staat unterstützt werden. Die würdigste und eine der ältesten ist die des „British Museum of Natural History" an der Cromwell-Straße, London. Die ausgezeichneten Ausstellungen und die großen historischen Sammlungen sind unübertroffen. Andere Zentren der Molluskenforschung befinden sich in Paris, Berlin, Frankfurt am Main, Brüssel, Leiden, Kopenhagen, Sydney, Auckland, Tokio und Ottawa.

Rechte Seite: Wie ein Geschenk des Meeres mutet diese Zusammenstellung von Venus- und Herzmuscheln an und bringt die natürliche Vielfalt von Form und Farbe der Schalen zum Ausdruck.

Acht Schalenplatten, die von einem muskulösen Gürtel aus kleinen Perlen zusammengehalten werden, charakterisieren die Käferschnecken (*Polyplacophora*), einer Klasse innerhalb des Stammes der Weichtiere (*Mollusca*). Im Gegensatz zu den Schnecken fehlen den Käferschnecken Augen und Tentakel. Die Westindische Käferschnecke kommt häufig an der Felsküste vor. (*Chiton tuberculatus* Linnaeus, 1758; 6 cm)

Eine Gruppe von Dreieckmuscheln streckt ihre feinen, schlauchförmigen Siphonen aus, um frisches Meerwasser einzusaugen. Die Muscheln (*Bivalvia*) bilden eine eigene Klasse innerhalb des Stammes der Weichtiere (*Mollusca*). (*Donax variabilis* Say, 1822; 2,5 cm)

Oben: Die schwerfällige, 30 Zentimeter lange Florida-Spindelschnecke ist ein fleischfressender Vertreter der Schnecken (*Gastropoda*), einer Klasse innerhalb des Stammes der Weichtiere (*Mollusca*). (*Fasciolaria gigantea* (Kiener, 1840); 30 cm)

Unten: Die seltenste von den fünf bekannten Arten des gekammerten Perlbootes (*Nautilus*) ist das Genabelte Perlboot von Papua-Neuguinea. Wie der Krake und der Tintenfisch gehört es zu den Kopffüßern (*Cephalopoda*), einer Klasse innerhalb des Stammes der Weichtiere (*Mollusca*). (*Nautilus scrobiculatus* Lightfoot, 1786; 20 cm)

Nächste Doppelseite: Farbenprächtige Kammuscheln.

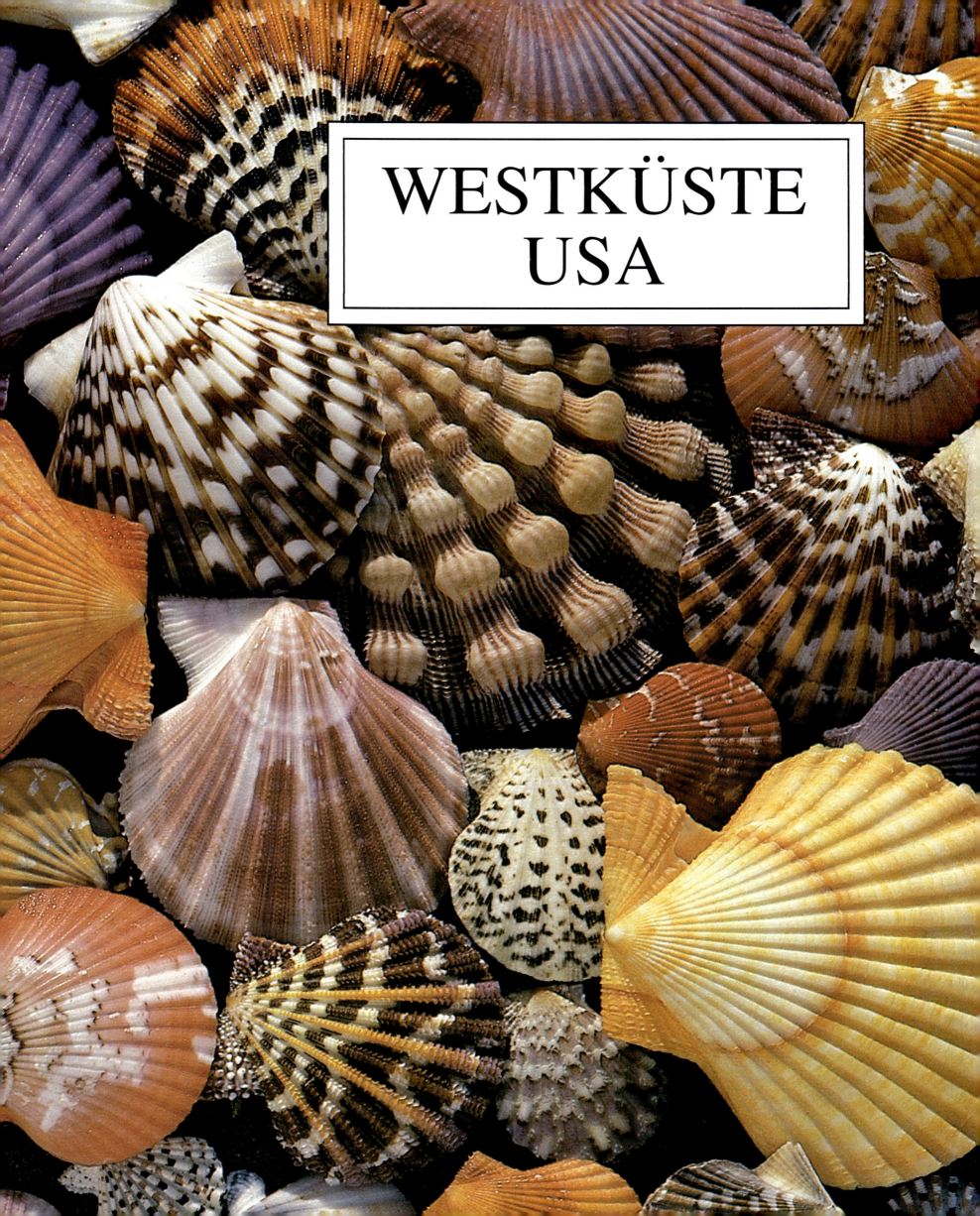

Zu den Austernfeinden in Kalifornien zählt das Poulsons-Zwerg-Tritonshorn, das ein Bewohner der Felsen im Gezeitenbereich ist. (*Ocenebra poulsoni* (Carpenter, 1864); 4 cm)

An den Felsküsten von Kalifornien wimmelt es nur so von sogenannten Lochschnecken, von denen einige ein natürliches Loch auf der Spitze ihrer Schale besitzen. Die Vulkan-Lochschnecke weidet in der Nacht Algenrasen und Seegräser ab. (*Fissurella volcano* Reeve, 1849; 2,5 cm)

Die Norris-Kreiselschnecke lebt auf den langen Blättern des Kelps und ernährt sich von diesen. Mit ihrem runden, elastischen Verschlußdeckel (Operculum) kann sie die Öffnung ihres Gehäuses verschließen. (*Norrisia norrisi* (Sowerby, 1838); 5 cm)

Von den Dutzenden verschiedener Arten von Spitzkreiselschnecken, die entlang der Pazifikküste von Nordamerika gefunden werden, besitzt die Geringelte Spitzkreiselschnecke eine der schönsten Schalen. Die Schnecke wird häufig zwischen den Blättern des Kelps gefunden. (*Calliostoma annulatum* (Lightfoot, 1786); 2,5 cm)

Die Pazifikküste von Nordamerika besitzt ein vielfältiges Sortiment aus vielen hundert Arten von Meeresschnecken und -muscheln. Angefangen von den weniger bunten Bewohnern des kalten Wassers Alaskas bis hin zu den farbenprächtigen Porzellanschnecken des südlichen Kaliforniens. Viele Arten von Meeresmuscheln und -schnecken leben entlang der Küste weit unterhalb des Wasserspiegels.

Erst vor kurzer Zeit wurde das Oregon-Tritonshorn zur offiziellen Wappenschnecke des Staates Oregon gekürt. Die zehn Zentimeter lange, struppige Schale dieser Schnecke kommt entlang der Küste von der Beringstraße bis nach Nordkalifornien vor. (*Fusitriton oregonense* (Redfield, 1848); 10 cm)

Die gewellte Oberfläche der nur knapp einen Zentimeter großen Schale der Kalifornischen Trivia wurde von deren fleischigem Mantel, mit dem die Schnecke sich einwickelt, geformt. In Südkalifornien und Mexiko ist sie häufig unter den Felsen der Gezeitenzone zu finden. (*Trivia californiana* (Gray, 1827); 1 cm)

Zur Freude der Kinder findet man gelegentlich am Strand von Südkalifornien bis nach Chile die Schale der sogenannten Stacheligen Pantoffelschnecke. Sie lebt auf Felsen und anderen Schalen. (*Crucibulum spinosum* (Sowerby, 1824); 3 cm)

Acht Kalkplatten, die von einem lederartigen Gürtel zusammengehalten werden, charakterisieren diese sogenannte Linierte Rote Käferschnecke, die zur gleichnamigen, nur wenige Arten umfassenden Klasse der Käferschnecken (*Polyplacophora*) innerhalb des Stammes der Weichtiere (*Mollusca*) gehört. (*Tonicella lineata* (Wood, 1815); 2,5 cm)

Die Blattartige Purpurstachelschnecke von der Pazifikküste trägt an ihrer Schale einen spitzen Stachel am Rand der unteren Lippe, den sie dazu benützt, Seepocken oder Muscheln aufzubrechen. (*Ceratostoma foliatum* (Gmelin, 1791). Die Schale dieses Felsbewohners erreicht eine Länge von bis zu acht Zentimeter.

Oben: Die fein verzierte Schale dieses Muschelfressers, den kalifornischen Sammlern entlang der Felsküste bekannt unter dem Namen Dreiflügelige Stachelschnecke, ist ein häufiges bis zu fünf Zentimeter langes Sammlerstück. (*Pteropurpura trialata* (Sowerby, 1834)

Links: Die großartige Küste der westlichen Vereinigten Staaten erstreckt sich über Hunderte von Kilometern von den friedlichen Wassern des Puget-Sundes bis zur sturmgepeitschten Felsküste um Kap Sur in Zentralkalifornien. Unterschiedlichste ökologische Bedingungen geben Raum für über tausend Arten von beschalten Weichtieren im flachen, kalten Wasser des östlichen Pazifik.

Nächste Doppelseite: Muschelschalen erglänzen in vielen Farben und Formen.

OSTKÜSTE USA

„Beaus Stachelschnecke" ist die einzige Stachelschnecke von Florida und der Karibik, deren Schale solch deutliche, breite Bänder zwischen den Stacheln besitzt. Diese seltene Tiefwasserschnecke ernährt sich von kleinen Muscheln. (*Siratus beauii* (Fischer & Bernardi, 1857); 10 cm)

Schwärme von Schwimmschnecken, alle nahezu einen Zentimeter groß, übersäen die schlammigen Brackwassertümpel der Karibischen Inseln und der Unteren Florida-Keys. (*Neritina virginea* (Linnaeus, 1758)

Die Familie der Tritonshörner hat viele kleine Vertreter, zu denen auch das Gehäuse des häufig vorkommenden Goldmündigen Haarigen Tritonshornes aus den Korallenriffen im südlichen Florida gehört. (*Cymatium nicobaricum* Röding, 1798; 5 cm)

Die ausgestreckten, orangen und gelben Stacheln, die die Schale der Amerikanischen Stachelauster als Schutz besitzt, erinnern an das Bild von unter Wasser explodierenden Raketen. Im natürlichen Zustand können die Schalen jedoch getarnt sein mit Schwämmen und Seegrasaufwüchsen. (*Spondylus americanus* Hermann, 1781; 10 cm)

Die häufige und gefräßige Gemeine Kronen-, Riesen- oder Treppenschnecke von Florida, auch Königskrone genannt, ist immer auf Streifzug nach kleinen Austern und zierlichen Muscheln. (*Melongena corona* (Gmelin, 1791); 5 cm)

Entlang der Mangroveküste des Golfs von Mexiko, von Florida bis nach Yucatan/Mexiko, zeigt die Schale der Königskrone eine vielfältige Form und Bänderung. (5 cm).

Nur sehr glückliche Schnecken- und Muschelsammler finden einmal ein Junonia-Gehäuse am Strand von Sanibel Island in Florida. Diese zehn Zentimeter große Schönheit aus der Familie der Walzenschnecken (*Volutidae*) wurde von den Conchyliologen seit Hunderten von Jahren geschätzt. (*Scaphella junonia* Lamarck, 1804)

Kammuscheln können schwimmen, indem sie ihre Schalenhälften schnell zusammenklappen. Hier eine Kattun-Kammuschel, die mit ihren vielen kleinen, blauen Augen aus ihrer Schale herausstarrt. Im Schaleninneren befindet sich der eßbare, runde Schließmuskel, (*Argopecten gibbus* (Linnaeus, 1758); 5 cm)

Erstaunlich leicht für seine Größe ist die Schale der Atlantischen Rebhuhn-Faßschnecke mit ihrer großen Mündung in der das gewaltige Tier, das sich von Seesternen ernährt, untergebracht ist. (*Tonna maculosa* (Dillwyn, 1817); 10 cm)

Ihr Fuß ist mit einer sichelförmigen Klaue (Operculum) bewaffnet, mit dem die Florida-Fechterschnecke sich plündernder Krabben und Fische erwehren kann. Am Ende der Tentakel besitzt sie farbenprächtige Augen. (*Strombus alatus* (Gmelin, 1791); 8 cm)

Die normalerweise ziegelrot gefärbte Schale der Löwenpfoten-Kammuschel aus den südöstlichen Vereinigten Staaten ist selten ganz gelb oder sogar völlig weiß (Albino). Ihr Fleisch ist zwar eßbar, aber noch mehr wird die Schale von den Sammlern geschätzt. (*Lyropecten nodosus* (Linnaeus, 1758); 12 cm)

Die Familie der Venusmuscheln (*Veneridae*) besitzt über hundert Arten, von denen die meisten im flachen Wasser sandbedeckter Buchten in Warmwassergebieten vorkommen. Große, geschwollene Rippen kennzeichnen die Schale der Kaiser-Venusmuschel aus den südöstlichen Vereinigten Staaten. (*Chione latilirata* (Conrad, 1841); 2,5 cm)

Bei völlig geschlossenen Klappen kann die Reihe von kleinen, braunen Augen entlang des fleischigen Mantelrandes nicht zum Vorschein kommen. Die Schale kann einen Durchmesser von bis zu fünfzehn Zentimeter erreichen, und die Knoten enthalten manchmal Meerwasser. (*Lyropecten nodosus* (Linnaeus, 1758); 15 cm)

Seit prähistorischen Zeiten wurde das dreißig Zentimeter lange Gehäuse des Tritonshorns von den Menschen als Trompete benutzt und findet sich an alten Skulpturen und auf Gemälden immer als Beigabe des Meeresgottes Triton. Das Atlantische Tritonshorn kommt in der Karibik und im Mittelmeerraum vor. (*Charonia variegata* (Lamarck, 1816)

Ähnlich wie die Kammuscheln, kann die fünf Zentimeter große Stachelige Feilenmuschel schwimmen, indem sie ihre beiden Schalenhälften zusammenklappt und mit ihren langen Tentakeln schlägt. Sie ist ebenfalls dazu fähig, mit ihren spinnenähnlichen Byssusfäden ein Nest zu bauen. (*Lima lima* (Linnaeus, 1758); vom südöstlichen Florida.)

Oben: Die Kaltwasser liebende Neuengland-Wellhornschnecke lebt im küstennahen Wasser und ernährt sich von Venus- und Miesmuscheln. Ihre Verbreitung reicht von den arktischen Meeren bis südlich von New York. (*Neptunea lyrata* Unterart *decemcostata* (Say, 1826); 8 cm)

Links: Die Ostküste von Nordamerika erstreckt sich von den eisigen Wassern der Labrador-See über die kalten, felsumsäumten Gebiete von Neuengland südwärts bis zu den halbtropischen Sandstränden und Korallenriffen der Florida Keys. Gezeitentümpel, sumpfige Flußarme, Sandbänke, schlammige Buchten und Korallenschutt bieten eine große Auswahl an Lebensräumen für die nahezu zweitausend marinen Arten von Schnecken und Muscheln des westlichen Atlantiks.
Der Strand von Bar Harbor/Maine, ist bei Ebbe ein Sammlerparadies.

Nicht selten kann am Strand von Westflorida das leichtgewichtige Gehäuse der Gemeinen Feigenschnecke aufgesammelt werden. Sie ist ein Bewohner von Sandböden und besitzt keinen Deckel, der wie bei so vielen anderen Schneckenarten am Fuß angeheftet ist.
(*Ficus communis* (Röding, 1798); 8 cm)

Die räuberische, Gebänderte Tulpenschnecke der südöstlichen Vereinigten Staaten kann nahezu jede andere Schnecke angreifen und frißt diese innerhalb einer Stunde. Sie ernährt sich ferner von Muscheln, wie zum Beispiel der Auster und der Venusmuschel. (*Fasciolaria lilium* Unterart *hunteria* (Perry, 1811); 8 cm)

Im Leben besitzt die Schale des Atlantischen Haarigen Tritonshorns eine natürliche, schützende Bedeckung aus haarigem Periostracum. Wenn das Gehäuse gereinigt wird, kommt die fein geperlte Skulptur zum Vorschein. (*Cymatium pileare* (Linnaeus, 1758) aus Florida und der Karibik; 8 cm)

Die knotige und eingeschnürte Mündung des Gehäuses der Atlantischen Distorsio ist vermutlich zum Schutz des Tieres vor hungrigen Einsiedlerkrebsen da. Die Schnecke kommt in 10 bis 25 Metern Wassertiefe im südöstlichen Florida vor. (*Distorsio clathrata* (Lamarck, 1816); 5 cm)

An einem verlassenen Strand in New Jersey wartet ein Paar Schalenklappen der Atlantischen Trogmuschel auf einen dankbaren Muschelsammler. Millionen von diesen küstennahen Venusmuscheln im weiteren Sinne werden jährlich gefischt und in gebratene Muscheln oder eine Muschelsuppe verwandelt. (*Spisula solidissima* (Dillwyn, 1817); 10 cm)

Das Symbol des Königreichs der Schnecken- und Muschelschalen auf den Bahamas ist das Gehäuse der Rosafarbenen Riesenflügelschnecke, die für Jahrhunderte sowohl in Florida wie auch in der Karibik als Verzierung und Trompete benutzt wurde und deren Weichkörper als Nahrungsquelle diente. (*Strombus gigas* Linnaeus, 1758; 20 cm)

Diese unscheinbare, weiße Schneckenschale ähnelt einem verknitterten Hut. Die Weiße Hufschnecke haftet an anderen Schalen und brütet ihre kleinen Eier unter ihrem Fuß aus. (*Antisabia antiquata*; Florida Keys; 2,5 cm)

Diese fünf Zentimeter großen, häufig gefundenen Schalen gehören der Langstacheligen Sternschnecke, die Bewohner der grünen Seegraswiesen der unteren Florida Keys ist und einen kleinen, kalkigen Deckel (Operculum) besitzt, um Feinde fernzuhalten. (*Astraea phoebia* (Röding, 1798)

Gut bekannt unter den großen, marinen Schneckengehäusen im südöstlichen Amerika ist die linksgewundene Blitzschnecke. Die abgebildeten, zehn Zentimeter großen Schalen gehören zu Jungtieren. Die bis zu dreißig Zentimeter langen Schalen der erwachsenen Tiere besitzen keine Streifen mehr und sind völlig weiß. (*Busycon contrarium* (Conrad, 1867)

Die Schale der Geflammten Bohrer- oder Schraubenschnecke ist lang und vielfach gewunden. Die Schnecke ist ein seltener Bewohner des sandigen Küstenbereiches im südöstlichen Florida und der Karibik. Sie ernährt sich von marinen Würmern. (*Terebra taurina* (Lightfoot, 1786); 12 cm)

Obgleich nicht selten, ist das Eckige Tritonshorn, aus dem südlichen Florida und der Karibik mit seiner zwölf Zentimeter langen Schale nur schwierig zwischen der dichten Seegraswiese zu finden, wo es sich von Venusmuscheln ernährt. (*Cymatium femorale* (Linnaeus, 1758)

Nächste Doppelseite: Die Schale der erbsengroßen Emerald-Schwimmschnecke aus dem südöstlichen Florida und der Karibik wird häufig in der Schmuckindustrie verwendet (*Smaragdia viridis* (Linnaeus, 1758); 0,5 cm).

Die Karibik ist eine Warmwasserregion deren marines Leben hinsichtlich der ökologischen Bedingungen einzigartig ist. Sie erstreckt sich von Nordbrasilien über das Karibische Becken nach Norden bis zu den Florida Keys und den Bermuda-Inseln und bringt solch tropische Schalen wie die Emerald-Schwimmschnecke, die Rosafarbene Riesenflügelschnecke, die Latirus-Tulpenschnecke und die Blutende Zahn-Schwimmschnecke hervor.
Die Turks- und Càicos-Inseln, nördlich der Küste Haitis gelegen, sind typisch für das warme Flachwassermeer der Bahama-Inseln.

Die Familie der spindelförmigen Latirus-Tulpenschnecken besitzt viele kunstvoll gefärbte Schalen, einschließlich dieser fünf Zentimeter großen Schale der Trochlear-Latirus-Tulpenschnecke von Haiti. (*Latirus cariniferus* (Lamarck, 1816); 5 cm)

Eine graziöse Form und zierliche Perlen kennzeichnen die Schale der Springers-Spitzkreiselschnecke, einer Tiefwasserform, die in bis zu fünfhundert Meter tiefen, karibischen Gewässern vorkommt. (*Calliostoma springeri* Clench & Turner, 1960; 4 cm)

Nicht alle Schnecken besitzen eine Schale wie diese Kopfsalat-Blattschnecke aus der Karibik zeigt. Obwohl sie einer schalenlosen Nacktkiemen-Schnecke ähnlich sieht, wird sie aufgrund neuerer Untersuchungen zu den Seehasen (*Aplysia*) gezählt. (*Tridachia crispata* (Mörch, 1863); 5 cm)

Die auserlesensten Sammlerobjekte der Karibik sind die Schalen der Tiefwasser-Schlitzbandschnecken die zur Familie Pleurotomariidae gehören. Im Jahre 1988 neu entdeckt wurde die sehr seltene, zehn Zentimeter große Charleston-Schlitzbandschnecke (*Pleurotomaria* (Perotrochus) *charlestonensis* Agnew, 1988; 10 cm). Das Bild zeigt ein lebendes Exemplar zwischen Schwämmen in 180 Meter Wassertiefe.

Die nördlichsten der Bahama-Inseln, wie zum Beispiel die Insel Bimini, sind aufgrund der meist endlosen Strände mit sauberen, weißen Sand, reich an Olivenschnecken und Sonnenaufgang-Plattmuscheln. Hier abgebildet ist die sogenannte Flamingozunge die für gewöhnlich lebend auf Fächerkorallen angetroffen wird. (*Cyphoma gibbosum* (Linnaeus, 1758); 2,5 cm)

Begrenzt auf die größeren Inseln der Großen und Kleinen Antillen ist die Karibische Kronenschnecke, die schlammhaltigen Sand in der Nähe der Mangroven-Bäume bevorzugt. (*Melongena melongena* (Linnaeus, 1758); 10 cm)

Keine der karibischen Schneckenschalen ist bei den Kindern so beliebt wie die der Blutenden Zahn-Schwimmschnecke, die recht häufig in der felsigen Gezeitenzone zu finden ist. Ihr kalkiger Deckel (Operculum) ist glatt und rötlich braun. (*Nerita peloronta* (Linnaeus, 1758); 2,5 cm)

Die drei scharfen Spindelfalten am Gehäuse der Karibischen Lampenschnecke sind das Kennzeichen aller Lampen- und Vasenschnecken. Im Leben ist das Gehäuse dieser häufigen Flachwasserschnecke bedeckt mit einer natürlichen, braunen „Außenhaut", dem sogenannten Periostracum.
(*Turbinella angulata* (Lightfoot, 1786); 20 cm)

Diese sonderbaren, glänzenden Schalen gehören zu einer Familie parasitisch lebender Schnecken. Die Dolabrata-Kerbbandschnecke ist ein Sandbewohner und lebt sowohl im tropischen Atlantik als auch im südwestlichen Pazifik. (*Pyramidella dolabrata* (Linnaeus, 1758); 2,5 cm)

Unter den ausgesuchten Gehäusen der karibischen Stachelschnecken kann die Schale der Spektral-Stachelschnecke, die auf tiefgelegenen Riffen lebt, am seltensten aufgesammelt werden. Nur speziell mit Preßlufttauchgeräten ausgestattete Taucher (Scuba divers) sind in der Lage sie zu finden. (*Chicoreus spectrum* (Reeve, 1846); 10 cm)

Oben: Die auf der Schalenoberfläche abgebildeten Punkte und Linien erinnern an Notenschrift und gaben der Schnecke den wissenschaftlichen Namen *Voluta musica* (Linnaeus, 1758). Die Musikwalzenschnecke lebt im Flachwassergebiet und ernährt sich von toten, marinen Organismen (8 cm).

Unten: Die fünf Zentimeter lange Rauhe Feilenmuschel aus der Karibik hält ihre beiden Kalkschalen mit der Hilfe eines kleinen schwarzen Polsters, des sogenannten Resiliums, im Schloß zusammen. Wie die Stachelige Feilenmuschel besitzt das Tier lange Tentakel. (*Ctenoides scabra* (Born, 1778)

Folgende Doppelseite: Farbenprächtige Napf- und Lochschnecken.

63

MITTELMEER

Das eßbare Menschen- oder Ochsenherz besitzt eine weite Verbreitung von Norwegen bis ins Mittelmeer und eine große Reichweite in die Tiefe von 10 Meter bis 2700 Meter. (*Glossus humanus* (Linnaeus, 1758); 8 cm)

Sie wurde von den Menschen im Altertum ebenso gegessen wie von der heutigen Bevölkerung im südwestlichen Mittelmeer. Die schön gerippte Schale der Klaffenden Herzmuschel diente vielen Künstlern als Anregung. (*Ringicardium hians* (Brocchi, 1814) = *Cardium indicum* (Lamarck, 1819); 8 cm)

Nächste Doppelseite: Die asturische Küste in Spanien.

Oben: Die Große Pilgermuschel galt unter den Christen des Mittelalters als Zeichen für eine geleistete Pilgerfahrt nach Santiago de Compostela. Die Muschel gilt als große Delikatesse bei Tisch. (*Pecten maximus* (Linnaeus, 1758); europäischer Atlantik; 12 cm)

Unten: Diese schön skulpturierte Schale eines Tritonshorns gehört zu einer Schnecke, die an der Küste der Kapverdischen Inseln und im gesamten Mittelmeer vorkommt. (*Cymatium cutaceum* (Linnaeus, 1767); 8 cm)

Rechte Seite: Große Faßschnecke. (*Tonna galea* (Linnaeus, 1758); 25 cm)

Linke Seite: Die marinen Schnecken- und Muschelschalen der Kanarischen Inseln, weit westlich des nördlichen Afrikas, haben überwiegend ihren Ursprung im Mittelmeergebiet, besitzen aber auch eine große Ähnlichkeit mit den Schalen der marinen Provinz Westafrikas. Die isolierte Insel Teneriffa, deren Küste im Bild gezeigt wird, besitzt einige einzigartige, endemische Arten von Schnecken- und Muschelschalen.

Oben: Der häufige Pelikanfuß war schon seit Römerzeiten immer ein Bestandteil der verschiedenen Schalensammlungen. Heute sind seine Schalen in ganz Europa verbreitet, und man findet sie überall in Läden und Muschelgeschäften entlang der Straßen. (*Aporrhais pespelecani* (Linnaeus, 1758); 5 cm)

Nächste Doppelseite: Eine Ansammlung von Venusmuscheln und Herzmuscheln.

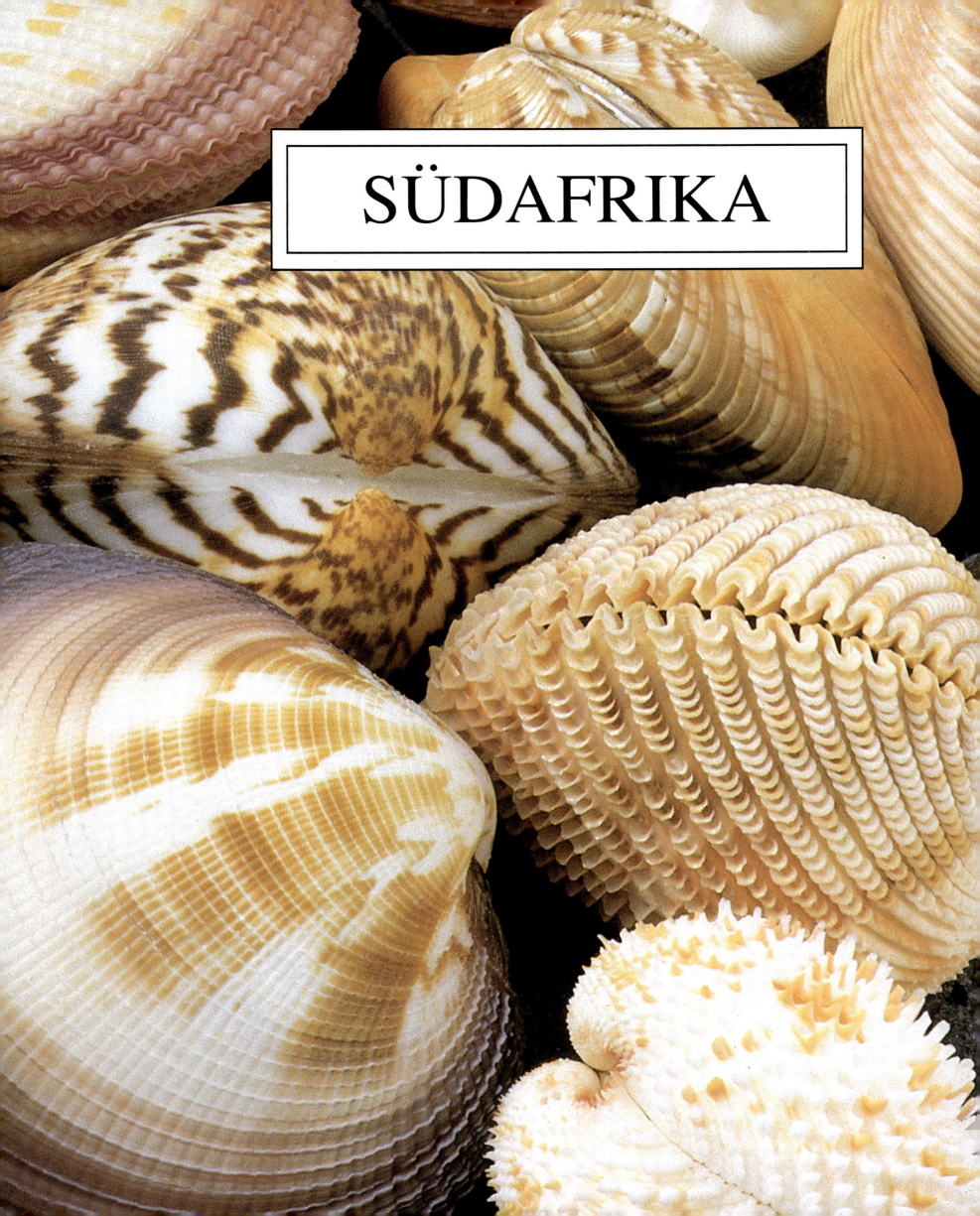
SÜDAFRIKA

Die Schale der 1897 entdeckten Gilchrist-Walzenschnecke aus den kalten Gewässern um Südafrika stellte für die Sammler lange Zeit eine Rarität dar, bis Tiefseefischer ihr Vorkommen in den sechziger Jahren des 20. Jahrhunderts entdeckten. (*Neptuneopsis gilchristi* (Sowerby, 1898); 18 cm)

Rechte Seite: Lochschnecken kommen an der Felsküste der Kap-Halbinsel in Südafrika recht häufig vor.

Die Innenseite der Meerohren-Schale glitzert in reflektierten, irisierenden Farben. Vier verschiedene Arten dieser Schneckenfamilie leben an der felsigen Küste Südafrikas knapp unterhalb des Wasserspiegels. (*Haliotis* species; 8 cm)

Weltweit in den tropischen und subtropischen Gewässern verbreitet sind diese stabilen Schalen der Turbanschnecken, von denen viele einen charakteristischen, kalkigen Deckel (Operculum) besitzen, der das zurückgezogene Tier schützt. (Verschiedene Turbanschnecken der Gattung *Turbo*; 8 cm)

Ähnlich seinem Verwandten, dem Gemeinen Pelikanfuß von Europa (Seite 73), trägt der Afrikanische Pelikanfuß lange, schlanke Zacken an seiner äußeren Lippe. (*Aporrhais pesgallinae* Barnard, 1963; Südwestafrika; 5 cm)

Ebenfalls verwandt mit dem europäischen Tritonshorn (Seite 70) ist das Knotige Afrikanische Tritonshorn das in ziemlich großer Wassertiefe an der Küste von Südafrika vorkommt. (*Cabestana dolarium* (Linnaeus, 1767); 8 cm)

Die Schale der Südafrikanischen Turbanschnecke ist normalerweise nur spärlich gefärbt, aber wenn sie poliert wird, kommt ein glänzendes, dunkles Purpurrot zum Vorschein. (*Turbo sarmaticus* Linnaeus, 1758; 8 cm)

Als ein Gebilde, das altertümlichen Schiffen zur See nicht unähnlich ist, hat das Papierboot bisher noch jeden Sammler fasziniert, der eine unersättliche Lust nach fremdländischen Schalen hat. (*Argonauta argo* Linnaeus, 1758; Südafrika; 20 cm)

Das Gehäuse des Papierboots ist keine Schale im eigentlichen Sinn, sondern die pergamentartige Eierwiege eines auf dem offenen Meer lebenden Tieres, das zur Klasse der Kopffüßer (*Cephalopoda*) gehört. Zwei abgeflachte Arme des Weibchens scheiden das Material für diesen Eierkoffer aus.

Linke Seite: Als diese großartige, aus dem Tiefwasser stammende Schale aus Südafrika im Jahr 1947 zum ersten Mal beschrieben wurde, dachte man, daß sie zur Familie der Walzenschnecken gehöre. Nachfolgende anatomische Untersuchungen des Tieres bewiesen jedoch, daß es sich um eine riesige Randschnecken-Schale handelt. Die Pringles-Randschnecke wird nun unter dem wissenschaftlichen Namen *Afrivoluta pringlei* Tomlin, 1947 geführt (8 cm).

Oben: Es wurde lange angenommen, daß diese nur in sehr tiefen Gewässern lebende Familie der Schlitzbandschnecken schon lange ausgestorben sei, bis man im Jahre 1855 ein lebendes Exemplar fand. Heute sind mehr als sechzehn Arten dieser Familie bekannt, dazu gehört die sehr seltene Afrikanische Schlitzbandschnecke, deren rundes, horniges Operculum man hier in der Mündung sieht. (*Pleurotomaria africana* Tomlin, 1948; Südafrika; 12 cm)

Viele unbekannte, neue Arten werden heutzutage im nordwestlichen Afrika entdeckt. Die abgebildete Schale dieser begehrten Walzenschneckenart ist jedoch seit 1811 gut bekannt. Das dazugehörige Tier lebt im Tiefwasser von Somalia. (*Festilyra festiva* (Lamarck, 1811); 12 cm)

Oben: Seit den achtziger Jahren wird diese Schale als die am höchsten gehandelte Schneckenschale angesehen. Von den wenigen gefundenen Schalen der Fultons-Porzellanschnecke wurde eine jede für umgerechnet über 20 000 DM verkauft. Die meisten Exemplare wurden in den Gedärmen von Fischen gefunden, die diese verschlungen hatten. (*Cypraea fultoni* Sowerby, 1903; 6 cm)

Unten: Die felsigen, wellengepeitschten Küsten Südafrikas wimmeln von Napfschnecken. An manchen Stellen ist die Langrippige Napfschnecke, ein nachtaktiver Pflanzenfresser, vorherrschend. (*Patella longicosta* Lamarck, 1819; 6 cm)

Nächste Doppelseite: Mondschnecken aus dem Indischen Ozean. (*Natica vitellus* Linnaeus, 1758; 4 cm)

INDISCHER OZEAN

Linke Seite: Der Indische Ozean um die Seychellen-Inseln birgt viele unbekannte Schnecken- und Muschelschalen.

Oben: Weit verbreitet im Indischen Ozean und im südwestlichen Pazifik ist diese leichte, große Schale der Gefleckten Faßschnecke, die mit einem Dutzend anderer Arten zu der gleichnamigen Familie gehört. (*Tonna dolium* Linnaeus, 1758; 10 cm)

Unten: Von all den im Indischen Ozean gefundenen Schalen zeigt diese Schale der Violetten Spinnenschnecke als einzige eine violett gefärbte Mündung. Diese begehrte Schale wird unter den Sammlern teuer gehandelt. (*Lambis violacea* (Swainson, 1821); Mauritius; 9 cm)

Das gedrungene Gehäuse des Schwarzgefleckten Tritonshornes wird durch die zwei schwarzen Felder auf der inneren Lippe der Mündung gekennzeichnet. In der ganzen Indo-Westpazifischen Provinz lebt diese Schnecke häufig auf Korallenriffen. (*Cymatium lotorium* (Linnaeus, 1758); 9 cm)

Die auserlesenste Schale unter den indonesischen Kegelschnecken ist das Gehäuse der Victor-Kegelschnecke, einer verschwunden geglaubten Art, die durch eine deutsche Schnecken- und Muschelsammlerin namens Renate Wittig um das Jahr 1980 wiederentdeckt wurde. (*Conus nobilis* Unterart *victor* Broderip, 1842; Bali; 5 cm).

Von den meisten Walzenschneckenarten sind Verbreitung und systematische Stellung schon lange bekannt, aber erst im Jahr 1963 wurde diese rare Walzenschnecke in Sri Lanka entdeckt und nach einem allseits bekannten, amerikanischen Schnecken- und Muschelschalen-Händler namens Clover, „Clovers Walzenschnecke" genannt. (*Lyria cloveriana* Weaver, 1963; 8 cm)

Nahezu dreißig Zentimeter in der Länge mißt diese Riesenmuschel aus dem tropischen Pazifik und dem Indischen Ozean. Aufgrund ihrer welligen, orangen und gelben Krägen wird sie manchmal auch Faltenbesetzte Riesenmuschel genannt. (*Tridacna squamosa* Lamarck, 1819).

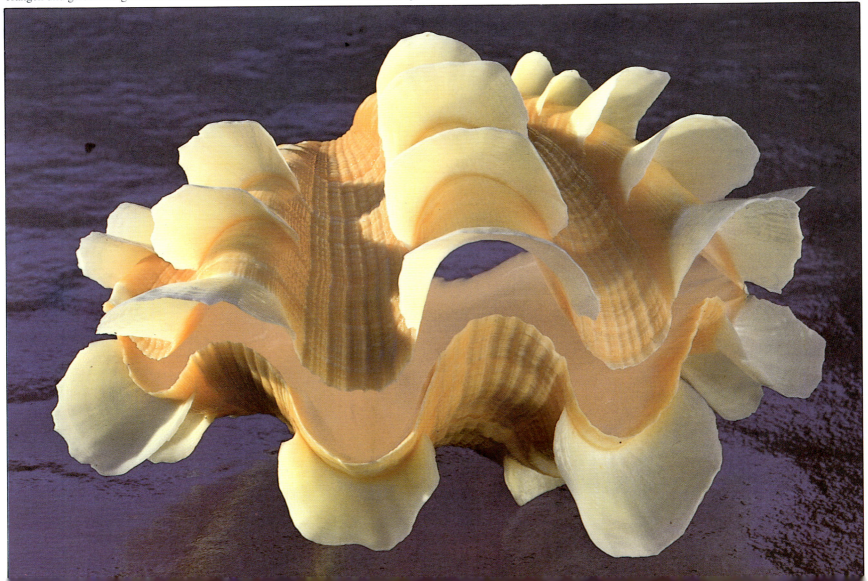

Oben: Für Jahrhunderte gebrauchten die arabischen Völker diese zwei auf den Malediven häufig vorkommenden Kauri- oder Porzellanschneckenschalen als eine Form handelsüblichen Zahlungsmittels: Die gelbe Geldkauri und die Goldringkauri. (*Cypraea moneta* Linnaeus, 1758 und *Cypraea annulus* Linnaeus, 1758; beide 2,5 cm)

Links: Die Malediven liegen in der Mitte des tropischen Indischen Ozeans südlich vom indischen Subkontinent. Für über 600 Jahre waren sie das Hauptförderland von Kaurischneckenschalen, die als Handelsware und Geld nach Asien und nach Afrika exportiert wurden. Heutzutage liefern sie riesige Mengen an sogenannten „Tourist shells", die in den Geschenkeläden auf der ganzen Welt zu finden sind.

Nahe verwandt mit den Strombus-Fingerschnecken sind die häufigen Chiragra-Finger- oder Spinnenschnecken, die als Pflanzenfresser im flachen Wasser der Indo-Pazifischen Region auf Korallenriffen leben. Die ausgespreizten „Finger" der Schale bewahren die Schnecke davor, von den Wasserwellen umgedreht zu werden. (*Lambis chiragra* (Linnaeus, 1758); 15 cm)

Wie eine gewölbte Kathedrale sieht die Schale der Hahnenkammauster aus, die das Tier sich schafft, während es an den Rändern der Bootsstege des südwestlichen Pazifiks festsitzend wächst. Das Tier ist eßbar, obwohl die Schalen nur sehr wenig Fleisch enthalten. (*Lopha cristagalli* (Linnaeus, 1758); 10 cm)

Über viele Jahre hinweg war die vielgerippte Schale der Kaiser-Harfenschnecke nur in ganz wenigen Exemplaren bekannt. Ihre Heimat ist die Umgebung von Mauritius im südwestlichen Teil des Indischen Ozeans. (*Harpa costata* (Linnaeus, 1758); 7,5 cm)

Für gewöhnlich lebt die kleine Erdbeer-Wellhornschnecke unter abgestorbenen Korallenblöcken im Indischen Ozean. Reinigt man die Schale und entfernt ihre äußere Haut, das Periostracum, so erhält man ein kleines Juwel. (*Pollia fragaria* (Wood, 1828); 2,5 cm)

Wenn diese Schnecke peinlich genau ihre Zirkellinien in Form von braunen Erhebungen gezeichnet hat, setzt sie zum Ende noch einen Akzent, indem sie einen braunen Tropfen auf ihrer weißen, äußeren Lippe bildet. Das Gehäuse des Kleinen Gegürtelten Tritonshorns besitzt eine Länge von weniger als fünf Zentimeter. (*Gelagna succincta* (Linnaeus, 1771); Südpazifik)

Nahezu all die hundert verschiedene Arten von Stachelschnecken bauen solche Reihen (Varizen) aus langen, schützenden Stacheln auf, aber nur die Rosaästige Stachelschnecke färbt ihre Spitzen mit einem schönen Rosa. (*Chicoreus palmarosae* (Lamarck, 1822); Sri Lanka; 10 cm)

Diese wunderbare, kleine Schale, die nur vom Sultanat Oman im südlichen Arabien bekannt ist, wurde erst kürzlich von einem amerikanischen Arzt und Missionar entdeckt, und nach seiner Frau Eloise benannt. „Eloise's Blasenschnecke" ist ziemlich häufig auf den Riffen der Misira-Insel. (*Acteon eloisae* Abbott, 1973; 2,5 cm)

Oben: Die Trompeten der Meeresgottheiten werden im Indischen Ozean und im westlichen Pazifik vertreten durch das Pazifische Tritonshorn. Es unterscheidet sich von seinem atlantischen Bruder durch die breiteren, cremefarbenen Streifen auf der inneren Lippe. (*Charonia tritonis* (Linnaeus, 1758); 32 cm)

Unten: Die häufigste und am weitesten verbreitete Art der Spinnenschnecken des Indo-West-Pazifik ist die Gemeine Spinnenschnecke. Die Stacheln sind nur bei älteren Tieren gut entwickelt. Die Stacheln der Weibchen sind für gewöhnlich etwas länger und stärker gebogen. (*Lambis lambis* (Linnaeus, 1758); 10 cm)

Nächste Doppelseite: Fasanenschnecken aus dem südlichen Australien: (*Phasianella australis* (Gmelin, 1791); 5 cm)

AUSTRALIEN

Australien ist das Land, in dem die schönsten Walzenschnecken vorkommen. Gerade in den kühleren Gewässern des südlichen Teils dieses Kontinents kommen solch einzigartig gemusterte Gehäuse vor wie das der Gunther-Walzenschnecke. (*Paramoria guntheri* (E.A.Smith, 1886); 4 cm)

Diese stachelige Flinders-Vasenschnecke stammt aus im tieferen, kalten Wasser aufgestellten Hummerfallen. Dieses Sammlerstück erreicht eine Länge von zwanzig Zentimeter. (*Altivasum flindersi* (Verco, 1914)

Rechte Seite: Der breite Strand entlang der kühlen Gewässer im Bundesstaat Viktoria, Australien, macht es einem leicht, am Strand Muscheln zu sammeln oder Rifferforschungen zu betreiben.

Verschiedene Arten von Walzenschnecken der Gattung Amoria leben in den warmen Gewässern von Queensland in Nordaustralien. Bei manchen Tieren ist der Fuß und der Atemsipho genauso schön wie die Schale, zum Beispiel bei dieser Gefurchten Walzenschnecke. (*Amoria canaliculata* (McCoy, 1869); 9 cm)

Die wunderschöne Bednalls-Walzenschnecke wurde im Jahre 1878 vor der Küste Nord-Australiens entdeckt. Heute findet man sie seltener, da sie durch das Übersammeln durch asiatische Fischtrawler stark dezimiert wurde. Das einzigartige Muster der Schale erinnert an die Kunst der australischen Eingeborenen. (*Volutoconus bednalli* (Brazier, 1878); 10 cm)

Oben: Die Schalenränder dieser fünf Zentimeter großen Sternschnecke aus dem südwestlichen Pazifik, tragen zwei Reihen von exquisit geformten Stacheln, die ohne Zweifel einen Schutz bilden sollen gegen das Verschlucktwerden von hungrigen Fischen. (*Bolma girgyllus* (Reeve, 1861)

Links: In den südwestlichen, pazifischen Inseln Melanesiens wie Neuguinea und den Salomon-Inseln sind die Schalen der Meeresschnecken und Muscheln besonders farbenprächtig. Gerade im Nordwesten von Guadalcanal, einer Insel der Salomonen, liegt die Insel Savo, die hier am Horizont zu sehen ist. Zwischen den Schiffwracks aus den Seeschlachten des Zweiten Weltkrieges liegen so herrliche Schnecken- und Muschelschalen wie die der oben gezeigten Sternschnecken, der farbenprächtigen Kammuscheln und die der Weißgepunkteten Porzellanschnecke (Seite 128).

109

Viele hundert Arten von Kammuscheln sind nicht eßbar, aber die Schalen erregen oft Staunen und Bewunderung bei begeisterten Sammlern. Dieses schöne Exemplar stammt aus dem tropischen Pazifik. (*Aequipecten species*; 8 cm)

Die Schalen dieser häufig vorkommenden, auf Sandboden lebenden Australischen Trapezmuscheln besitzen alle möglichen pastellfarbenen Schattierungen. Ähnliche, jedoch nicht so farbenprächtige Schalen kommen in den Vereinigten Staaten und an der Pazifikküste von Zentralamerika vor. (*Cardita crassicosta* (Lamarck, 1819); 5 cm)

110

Typisch für Nordaustralien und das benachbarte Neuguinea ist das nahezu dreißig Zentimeter lange Gehäuse der sogenannten Schöpfkellen-Walzenschnecke, die deshalb so heißt, weil sie von den australischen Eingeborenen dazu verwendet wird, leckgeschlagene Kanus leerzuschöpfen. Das lebende Tier kann über zehn Kilogramm wiegen. (*Melo umbilicata* Sowerby, 1826; 30 cm)

Trotz ihrer Größe und ihres geringen Gewichts ist die Schale dieser Faßschnecke erstaunlich stabil. Der Weichkörper des lebenden Tieres ist massig und kann recht schnell über den Sandboden kriechen, auf der Suche nach Seesternen und Seegurken. (*Tonna tessellata* (Lamarck, 1822); 10 cm)

Das Gehäuse der sogenannten Echten Wendeltreppe war während des 18. Jahrhunderts so rar und so begehrt, daß berichtet wird, daß schlaue orientalische Händler aus Reispaste bestehende Nachbildungen herstellten. Die Art ist ziemlich häufig in Queensland, Australien. (*Epitonium scalare* (Linnaeus, 1758); 6 cm)

Schmuckstück entlang der Gezeitenzone an der nordaustralischen Küste ist das Gehäuse dieser Stachelschnecke mit seinen langen, gebogenen Stacheln. Das Tier ernährt sich von Austern. (*Chicoreus cornucervi* (Röding, 1798); 10 cm)

Die schön glänzende Gehäuseoberfläche dieser Olivenschnecke von Ostaustralien bleibt durch den darüberliegenden weichen, fleischigen Mantel und den Fuß der Schnecke in diesem ursprünglichen Zustand erhalten. (*Ancillista velesiana* Iredale, 1936; 6 cm)

Die hier gezeigte Insel Lizard und andere vor der Küste von Queensland liegende Inseln in der Nähe des Großen Barrier-Riffs sind heutzutage Naturschutzgebiete, in denen das Aufsammeln von Schalen und das Fangen von lebenden Schnecken und Muscheln verboten ist. Die Larven, die von diesen so geschützt brütenden Populationen stammen, werden viele Kilometer weit an ferne Strände verdriftet und sorgen dafür, daß der natürliche Vorrat von Meeresschnecken und Muscheln für die Sammler reichlich erhalten bleibt.

Der Name „Gefurchte Walzenschnecke" rührt von der winzigen Furche her, die die nachfolgenden Schalenwindungen an der Spira des Gehäuses voneinander trennt. Dieser seltene aus Queensland stammende Sandbodenbewohner besitzt fünf Reihen von Spirallinien mit gebogenen Flecken auf seinem Gehäuse. Keine der zur Gattung Amoria gehörenden Walzenschnecken besitzt ein Operculum. (*Amoria canaliculata* (McCoy, 1869); 5 cm)

Wie die Riesenmuschel (Seite 93), so lebt auch die sogenannte Pferdehufmuschel auf der Oberfläche im flachen Riffbereich der südwestpazifischen Korallenriffe. Es sind bekannte Dekorationsobjekte, und sie werden manchmal auch als Aufbewahrungsschalen für Kleinigkeiten benützt.
(*Hippopus hippopus* (Linnaeus, 1758); 20 cm)

Folgende Doppelseite: Philippinische Schwimmschnecken (*Neritina waigiensis* Lesson, 1830; 1,5 cm).

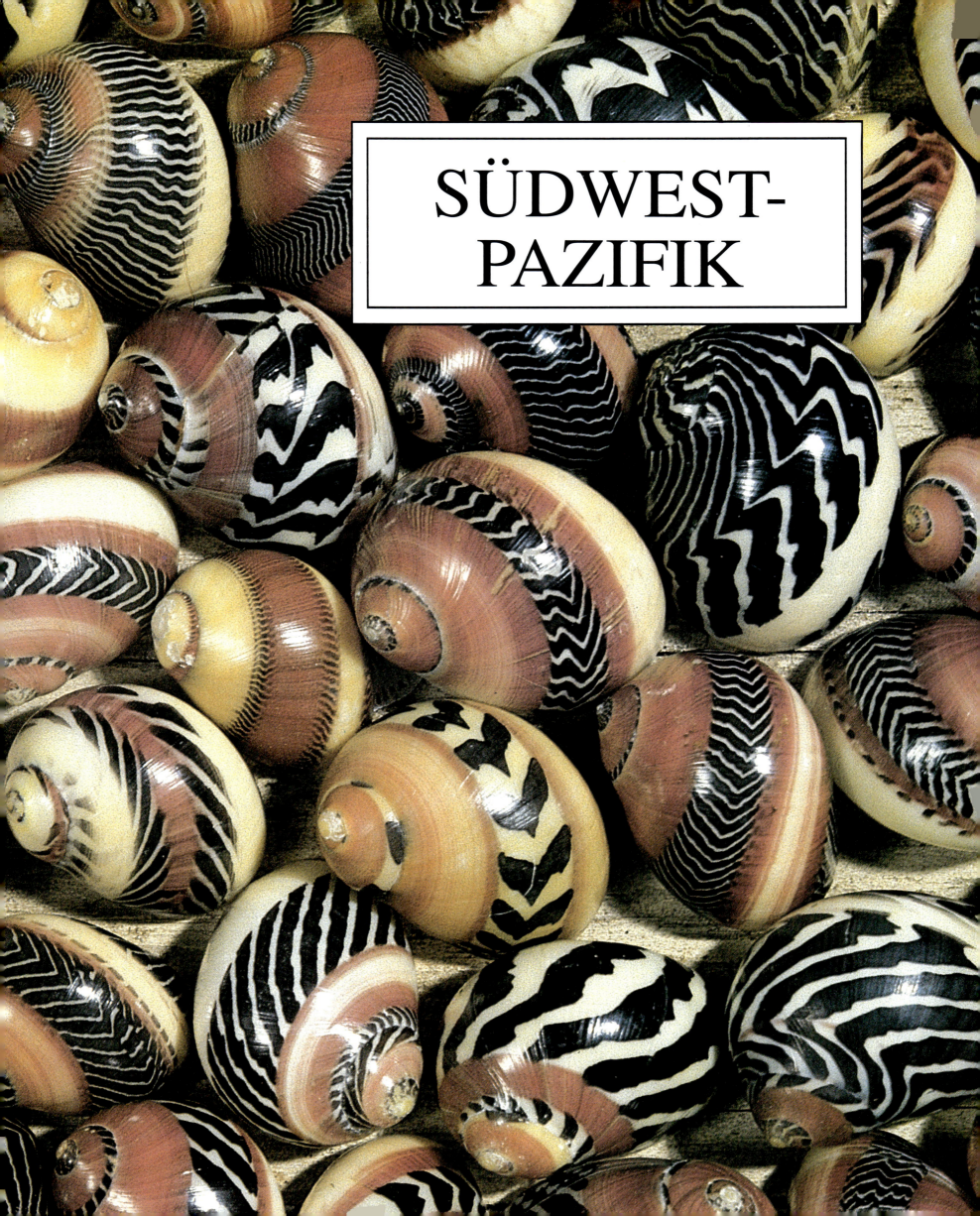

Kein Gebiet der Welt ist so reich an Schnecken- und Muschelschalen wie das des Philippinischen Archipels mit seinen Hunderten von meerumsäumten Inseln. Das warme Wasser und die gut geschützten Buchten bilden ideale Voraussetzungen für das Wachstum von tausenderlei verschiedener Meeresschnecken und Muscheln. Im frühen 19. Jahrhundert entdeckte der bekannte Schalensammler Hugh Cuming mehr als tausend neue Arten von im Meer und auf dem Land lebenden Schnecken und Muscheln.

Der tropische, südwestliche Pazifik besitzt einige Arten dieser Delphinschnecken, einer Gruppe der Turbanschnecken, die man an ihrem kreisrunden, hornigen Deckel (Operculum) erkennt, der mit haarähnlichen Borsten bestückt ist. Diese Kaiser-Delphinschnecke wurde im Jahr 1840 auf den Philippinen entdeckt. (*Angaria delphinus* (Linnaeus, 1758), Form *melanacantha* (Reeve, 1842); 8 cm)

Von den philippinischen Fischern auf dem tieferen Meeresboden ausgelegte Nylonnetze brachten in den letzten Jahren viele neue Arten zum Vorschein, so auch die sogenannte Victor-Dans-Delphinschnecke, die von einem Japanischen Conchyliologen im Jahr 1980 beschrieben worden ist. (*Angaria vicdani* Kosuge, 1980; 5 cm)

121

Das Gehäuse der 1877 zum ersten Mal beschriebenen Art Martins-Spindelschnecke wurde lange Zeit als sehr selten eingestuft und stellte ein exklusives Sammlerstück dar, bis philippinische Schalensammler lernten, wie man den tieferen Meeresboden absammelt, wo diese Schnecke lebt und gar nicht so selten vorkommt. Man vergleiche dieses Exemplar mit der Gemeinen Spindelschnecke auf Seite 146! (*Tibia martinii* (Marrat, 1877); 12 cm)

Der Weichkörper der häufigen Gemeinen Harfenschnecke scheidet diese glänzende, wunderschön gezeichnete Schale aus. Das Tier ist ein Sandbodenbewohner und ernährt sich von Krabben. Das Opfer wird dabei in einem Klumpen von klebrigem Schleim und Sand erstickt.
(*Harpa major* Röding, 1798; 9 cm)

Die Herstellung solcher Wälder aus spitzen Stacheln ist ein Wunderwerk mancher Stachelschnecken, das am besten am Beispiel des Gehäuses des Venuskamms gezeigt werden kann. Kleine Verlängerungen des fleischigen Mantels scheiden flüssiges Kalziumkarbonat aus, das dann in solch starren Stangen kristallisiert. (*Murex pecten* Lightfoot, 1786; Philippinen; 11 cm)

Die Porzellanschnecken lagern zusätzliches, glänzendes Schalenmaterial auf ihrer Schalenoberfläche ab, indem sie ihren Mantel mit seinen kalziumkarbonatbildenden Zellen über ihre Schalenoberfläche ausstrecken. Die Mantelfortsätze, die man auf dem Bild sieht, beinhalten Tastsinnesorgane. (*Cypraea tigris* Linnaeus, 1758; Indo-Pazifik; 10 cm)

Die ostasiatische Stachelschnecke, *Pterynotus loebbeckei* (siehe Seite 130), besitzt auf den Philippinen eine Unterart, die Miyoko-Stachelschnecke. Sie stammt aus dem tieferen Wasser und steckt in den Nylonnetzen der Fischer. (*Pterynotus loebbeckei* Unterart *miyokae* Kosuge, 1979; 6 cm)

Weniger als zwei Zentimeter lang ist diese Nacktkiemer-Schnecke, die überhaupt keine Schale besitzt. Vorne hat sie paarige Tentakel mit Sinnesorganen, die sogenannten Rhinophoren. Auf ihrem Rücken besitzt sie einen Klumpen akzessorischer Kiemen. Auf dem Bild sieht man die weit im Indo-Pazifik verbreitete Nacktkiemer-Schneckengattung *Chromodoris*, wie sie gerade einen Hydrozoenstock abweidet. (*Chromodoris species*; 2 cm)

Diese Sorte von Venusmuscheln pflegt sich tief in den sandigen Meeresboden einzugraben. Erhabene Anwachslinien und Wülste auf der Schale helfen ihr, sich im Boden festgekeilt zu halten. Bei einigen Arten fehlen diese Wülste und sind ersetzt durch zeltartige Markierungen – wie im Falle dieser Venusmuschel aus dem Indo-Pazifik. (*Lioconcha castrensis* (Linnaeus, 1758); 5 cm)

Früher erzielten diese Schalen der Weißgepunkteten Porzellanschnecke aus dem Indo-Pazifik auf öffentlichen Verkaufsauktionen umgerechnet über zweitausend D-Mark. Das relativ zahlreiche Vorkommen dieser Art bei den Salomon-Inseln und im nördlichen Australien wurde erst später entdeckt. (*Cypraea guttata* Gmelin, 1791; 4 cm)

Immer noch der Wunschtraum eines jeden Schalensammlers ist die schön gefärbte Schale der Goldenen Porzellanschnecke, einem Schneckengehäuse das früher nur von den Stammeshäuptlingen der Fidschi-Inseln um den Hals getragen werden durfte. Mit Preßlufttauchgeräten ausgestattete Taucher haben entdeckt, daß diese Schnecke in schwammverkrusteten Höhlen lebt. Solche Höhlen gibt es vor allem in der Umgebung der Samar-Inseln auf den Philippinen. (*Cypraea aurantia* Gmelin, 1791; 9 cm)

Die Schale der Fürstlichen Walzenschnecke von den südlichen Philippinen war einst ein begehrtes Sammlerstück. Die ersten Schalen, die von dieser Schneckenart im Jahr 1825 gefunden wurden, besaßen die seltenere rote Färbung. Erst später fand man die häufigeren gelben und braunen Schalen, die, als sie auf den europäischen Schalenmärkten ankamen, die Preise fallen ließen. (*Cymbiola aulica* (Sowerby, 1825); 10 cm)

Verschiedene Arten aus der Familie der Vasenschnecken werden im gesamten südwestlichen Pazifik gefunden. Das Gehäuse dieser seltenen Kaiser-Vasenschnecke findet man jedoch nur im Zentrum der Philippinen. (*Vasum tubiferum* (Anton, 1839); 7,5 cm)

Dies ist das Gehäuse der echten Loebbeckes-Stachelschnecke, die ursprünglich im Süden Chinas um das Jahr 1878 gefunden wurde. Die Gehäuse können weiß, pfirsichfarben und lavendelblau gefärbt sein. Im Gegensatz zur philippinischen Unterart (siehe Seite 125) besitzt Loebbeckes-Stachelschnecke keine so stark ausgebildeten Varizen auf den jüngeren Windungen. (*Pterynotus loebbeckei* (Kobelt, 1879); 5 cm)

Das Gehäuse der Kiener-Delphinschnecke wird an Stillwasserbereichen der philippinischen Küste gefunden. Das Operculum ist dünn, kreisrund und aus hornartiger Substanz. (*Angaria sphaerula* (Kiener, 1839); 5 cm)

Berühmt für ihre komplizierten Stacheln und ihre geperlte Schalenoberfläche sind die Gehäuse der Girgyllus-Sternschnecke. Sie wird nur selten von den Fischern der nördlichen Philippinen und vor Taiwan mit den Schleppnetzen heraufgebracht. (*Bolma girgyllus* (Reeve, 1861); 5 cm)

Der Name Sauls-Stachelschnecke wurde im Jahre 1841 aufgestellt und bezieht sich auf den Namen eines wohlhabenden Engländers, dessen Frau eine leidenschaftliche Schalensammlerin war. Ihr Gehäuse unterscheidet sich von dem der Rosaästigen Stachelschnecke (siehe Seite 99) dadurch, daß ihm die kleinen braunen Pusteln an der weißen, inneren Lippe fehlen. Die Schnecke ist relativ häufig vor der Küste der Ostindischen Inseln.
(*Chicoreus saulii* (Sowerby, 1841); 10 cm)

Wenn man das Gehäuse eines „Perlbootes" mit einer Diamantsäge aufschneidet, so kann man die einzelnen Kammern, die zu Lebzeiten des Tieres mit Gas gefüllt waren, sehen. Das Gehäuse inspirierte den Dichter Oliver Wendell Holmes zu seinem bekannten Gedicht „Der gekammerte Nautilus".
(*Nautilus pompilius* Linnaeus, 1758; Philippinen; 15 cm)

Nächste Doppelseite: Ein bunter Reigen von Turbanschnecken. (*Turbo species*)

Japan ist ein Land, in dem das Schalensammeln einen hohen Stellenwert einnimmt. Der letzte Kaiser Hirohito war ein Meeresbiologe und ein Schalensammler. Unzählige Schreine sind zu Ehren von Schnecken- und Muschelschalen errichtet worden – einschließlich eines Schreins, der der Erfindung der Perlzucht durch Baron Mikomoto gewidmet ist. Egal ob man sich in den kalten Gewässern nördlich von Hokkaido oder in den ruhigen Gewässern der Buchten oder in den tropischen Gewässern um Kyushu und Okinawa befindet, Schalen sind überall reichlich zu finden. Viele Meerohrenarten und farbenprächtige Kammuscheln werden in speziellen Becken für die Nahrungsmittelindustrie gezüchtet.

Eines der schönsten und anmutigsten Gehäuse japanischer Stachelschnecken hat die nahezu weiße, kragentragende Alabaster-Stachelschnecke. Es handelt sich dabei um ein Sammlerstück; die dazugehörige Schnecke ist als Tiefwasserform von Japan bis zu den Philippinen verbreitet. (*Siratus alabaster* (Reeve, 1845); 12 cm)

Die Burnett-Stachelschnecke gehört nicht zu den richtigen Stachelschnecken, obwohl ihr Gehäuse diesen in gewisser Hinsicht ähnelt. Das Gehäuse besitzt einen starken Stachel an der Basis der Lippe, mit dem die Schnecke Austernschalen öffnen kann. Die Schnecke kommt häufig in Korea und im nördlichen Japan vor. (*Certostoma burnetti* (Adams & Reeve, 1859); 10 cm)

Dieses Gehäuse einer Wellhornschnecke aus den kalten Gewässern um Hokkaido im nördlichen Japan besitzt eine scharfe Rampe auf der Höhe einer jeden Windung, aber sie hat wie so viele arktische Arten, nur ein eintöniges, braunes Aussehen. (*Japelion pericochlion* (Schrenck, 1862); 10 cm)

Obwohl die Rote Venusmuschel eine vergleichbare Fleischqualität wie die Dickschalige Venusmuschel (*Mercenaria mercenaria* Linnaeus, 1758) aus den Vereinigten Staaten hat und dazu noch eine Schale mit attraktivem, farbigen Strahlenmuster besitzt, ist sie nicht häufig genug, um wirtschaftlich genutzt zu werden. Sie kommt von den Philippinen und Taiwan bis nach Norden zum südlichen Japan vor. (*Callista erycina* (Linnaeus, 1758); 8 cm)

Japan ist das Land der Korallenschnecken, einer Schneckengruppe, die ähnlich wie die Stachelschnecken ein besonders stacheliges und sonderbar geformtes Gehäuse besitzt. Sie kommen nur in tieferen Gewässern vor. Ihre Gehäuse sind sehr variabel, und es existieren viele Namen dafür. Vielleicht kann man sagen, daß die häufigste Art dieser Schneckengruppe die Pagoden-Korallenschnecke ist, deren bestachelte Form hier im Bild zu sehen ist. (*Latiaxis pagodus* Form *spinosa* Hirase, 1908; 2,5 cm)

Das fremdartige, manchmal etwas deformiert wirkende Gehäuse der Mawe-Korallenschnecke gilt seit über 150 Jahren als beliebte Neuheit in allen Schalensammlungen. Das Gehäuse bekam seinen Namen nach einem Herrn John Mawe, einem Londoner Schalenhändler in den dreißiger Jahren des 19. Jahrhunderts. (*Latiaxis mawae* (Griffth & Pidgeon, 1834); Japan; 5 cm)

Die Helmschnecken sind normalerweise Bewohner warmer, tropischer Gewässer, aber die Gestreifte Helmschnecke zieht die kühlen Gewässer Taiwans und des nördlichen Chinas vor. Sie lebt in einer Wassertiefe von drei bis einhundert Metern und ernährt sich von Seeigeln. (*Phalium flammiferum* (Röding, 1798); 9 cm)

Der größte Vertreter der seltenen Schlitzbandschnecken ist die Rumphius-Schlitzbandschnecke, die erstmals im Jahr 1877 in den tiefen Gewässern Indonesiens gefunden wurde. Viele Tiere, deren Schale mehr als dreißig Zentimeter umfaßt, werden heutzutage in den Gewässern um Taiwan und im südlichen Japan gefischt. Das große Gehäuse einer solchen Schnecke ist einige tausend D-Mark wert. (*Pleurotomaria rumphii* Schepman, 1879; 25 cm)

Die Tiefwasserfauna von Natal, Südafrika und von Japan besitzt eine gemeinsame Geschichte, da ein tiefer, kalter und dunkler Verbindungsgraben am Meeresboden existiert, der die Schneckenfauna dieser weit auseinandergelegenen Punkte verbindet. Hier das Gehäuse der seltenen japanischen Teramachi-Schlitzbandschnecke, einer Unterart der Afrikanischen Schlitzbandschnecke die auf Seite 85 zu sehen ist. (*Pleurotomaria africana* Unterart *teramachii* Kuroda, 1955; 12 cm)

Die Schale der Wunderbaren Japanischen Turmschnecke erinnert an eine Pagode, und für ihre ausgeprägte Rampe als Schulter kann sich jeder Architekt begeistern. Dieses acht Zentimeter lange Gehäuse ist einmalig unter den sogenannten Turmschnecken. (*Thatcheria mirabilis* Angas, 1877; 8 cm)

Die Liste der bekannten Schlitzbandschnecken wuchs sprungartig an, als neue Fangmethoden entwickelt und neue Meeresgebiete erkundet wurden. Seitdem im Jahr 1856 der erste Vertreter dieser Schneckengruppe gefunden wurde, wurde danach im Durchschnitt alle acht Jahre eine neue, unbekannte Art beschrieben. Der jüngste Vertreter dürfte die Victor-Dan-Schlitzbandschnecke von den Philippinen sein. (*Pleurotomaria vicdani* Kosuge, 1980; 8 cm)

Der bemerkenswert lange, schnorchelähnliche Siphonalkanal, der von der Schale der Gemeinen Spindelschnecke absteht, erlaubt es der Schnecke, die eingegraben in Sand- und Schlammböden des tieferen Wassers lebt, Frischwasser von der Oberfläche einzuatmen. Die Schnecke kommt in einigen Gebieten der Philippinen häufig vor, jedoch ist es schwierig, unzerbrochene Schalen zu sammeln. (*Tibia fusus* (Linnaeus, 1758); 23 cm)

Manchmal werden diese weltweit vorkommenden Lastträger- oder Sammlerschnecken auch mit dem Namen „Echter Schalensammler" versehen. Diese Schneckengruppe hat einen Instinkt, Fremdkörper wie leere Schalen, Korallenstücke und Steine auszusuchen und an ihre Gehäuse anzukleben. Manchmal wachsen auch wunderschöne Moostierkolonien auf den Gehäusen dieser Lastträgerschnecken. (*Xenophora pallidula* (Reeve, 1842); 8 cm)

Die echte Pagoden-Korallenschnecke aus den Küstengewässern um Japan besitzt nicht diese extrem stachelige Form, und ihre Spira ist nicht so hoch wie bei der Unterart auf Seite 140. (*Latiaxis pagodus* (A. Adams, 1852); 2,5 cm)

In gewisser Weise sieht diese japanische Wellhornschnecke ihrer Cousine, der Neuengland-Wellhornschnecke, die wir auf der Seite 43 gesehen haben, ähnlich. Erstere stammt aus den kalten Gewässern Japans und besitzt eine Schale mit ebenfalls solch starken, eckig ausgebildeten Spiralrippen. Die Schale ist normalerweise mit einer braunen Außenhaut bedeckt, dem Periostracum. (*Ancistrolepis grammatus* (Dall, 1907); 10 cm)

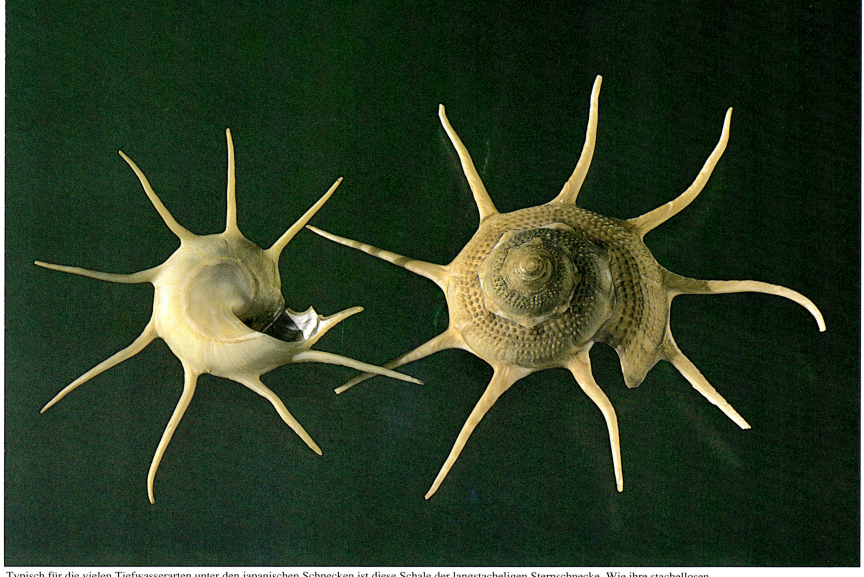

Typisch für die vielen Tiefwasserarten unter den japanischen Schnecken ist diese Schale der langstacheligen Sternschnecke. Wie ihre stachellosen Verwandten, die Turbanschnecken, besitzt sie einen weißen Kalkdeckel, der auch Operculum genannt wird. (*Guildfordia yoka* (Jousseaume, 1888); 8 cm).

Als diese Du-Savel-Kegelschnecke im Jahr 1872 auf Mauritius gefunden wurde, stellte sie ein einziges Geheimnis dar, bis weitere Schalen aus den Gewässern um Okinawa auftauchten. Bald nachdem das Tauchen mit Preßlufttauchgeräten losging, fand man weitere Exemplare dieser seltenen Schnecke in den Gewässern um die Philippinen. (*Conus dusaveli* (H. Adams, 1872); 5 cm).

Nächste Doppelseite: Ein buntes Potpourri von Schneckenschalen (Land- und Meeresschnecken) aus der ganzen Welt.

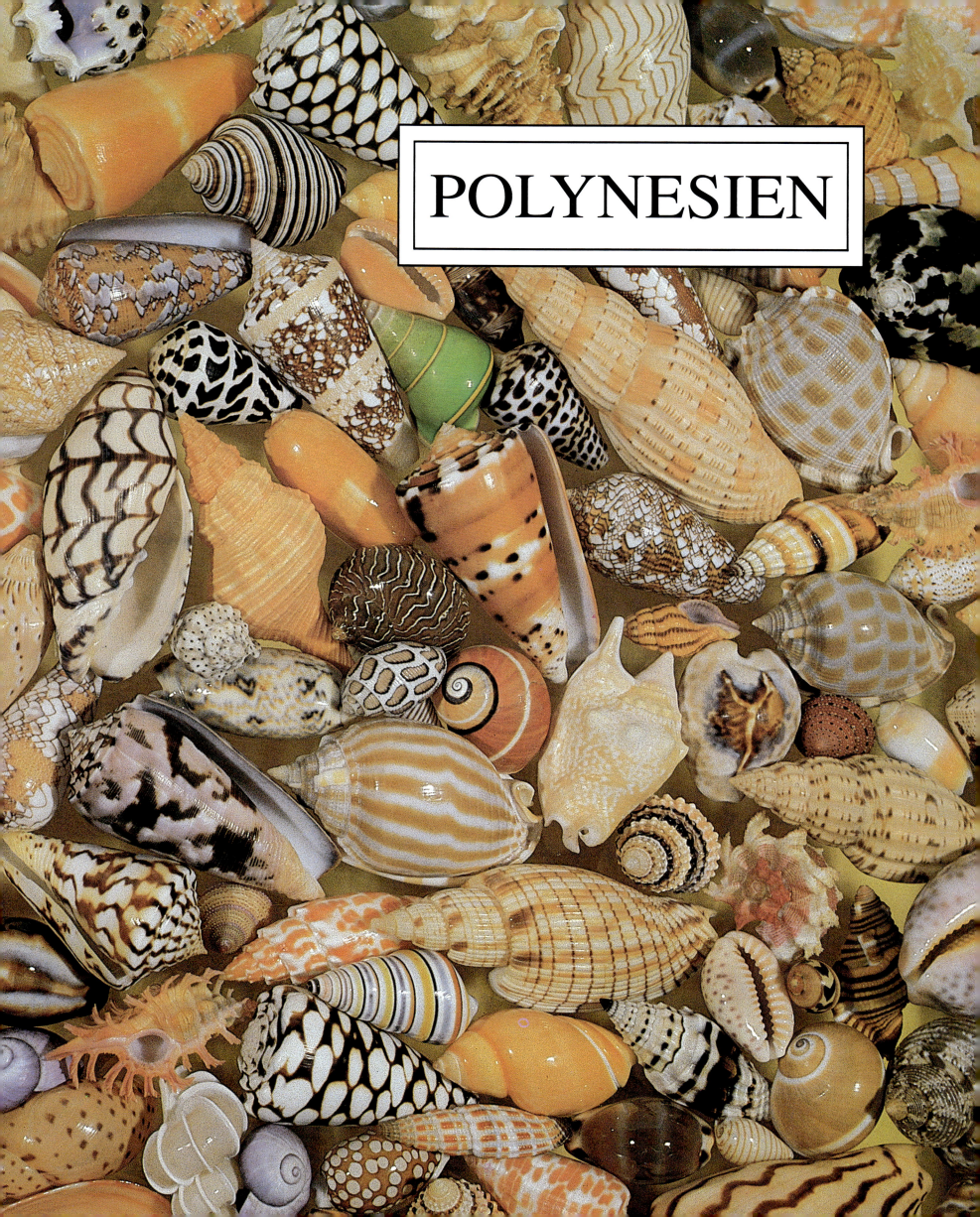

Die Tiere dieser von Hawaii stammenden Art von Harfenschnecken sind so eigentümlich wie ihre Gehäuse. Das Ende ihres Fußes kann bei Gefahr abgeworfen werden, wie dies bei manchen Chamäleons und Eidechsen der Fall ist. Die größeren Schalen gehören zur Art *Harpa major* Röding, 1798 (8 cm), die kleineren Gehäuse zur Art *Harpa amouretta* Röding, 1798 (5 cm).

Rechte Seite: Polynesien mit seinen vielen isolierten Inseln und Lagunen, wie zum Beispiel hier die Insel Bora Bora in Französisch Polynesien, locken die Schalensammler seit der Zeit von La Perouse, Kapitän Cook und Kapitän Bligh. Obwohl der Artenreichtum nicht so groß ist, besitzen diese korallenriffumsäumten Inseln vulkanischen Ursprungs ihre eigene, besondere Schnecken- und Muschelfauna.

Von dem Dutzend bekannter Arten von Stachelschnecken, sind etwa nur die Hälfte in Polynesien heimisch. Zu den häufigeren, farbenprächtigeren Tieren gehört die Orange Spinnenschnecke, die nicht selten im Flachwasser in der Nähe von Algenrasen und Sandböden gefunden wird. (*Lambis crocata* (Link, 1807); 11 cm)

Die Felsküsten von Polynesien sind mit einem großen Reichtum von Purpurschnecken gesegnet; zum Beispiel die Violettmündige Pazifische Purpurschnecke (*Drupa morum* (Röding, 1798); 2,5 cm) und die Orangemündige Pazifische Purpurschnecke (*Drupa grossularia* (Röding, 1798); 2,5 cm)

Nächste Doppelseite: Die Stubengelehrten unter den Schalensammlern sehnen sich danach, einmal die Insel Bora Bora – Gesellschaftsinseln – in Polynesien zu besuchen.

Die wichtigsten systematischen Einheiten der Weichtiere unter besonderer Berücksichtigung der marinen Formen

STAMM: WEICHTIERE (Mollusca)
  Klasse: KÄFERSCHNECKEN (Polyplacophora) ca. 1 000 Arten
  Klasse: SCHNECKEN (Gastropoda) über 60 000 Arten
    Unterklasse: Gekreuztnervige Schnecken (Streptoneura)
      Überordnung: Vorderkiemer (Prosobranchia)
        Ordnung: Schnecken mit zwei Herzvorkammern (Diotocardia)
          Unterordnung: Altschnecken (Archaeogastropoda)
            Familie: Schlitzbandschnecken (Pleurotomariidae)
            Familie: Lochschnecken (Fissurellidae)
            Familie: Napfschnecken (Patellidae)
            Familie: Kreiselschnecken (Trochidae)
            Familie: Schwimmschnecken (Neritidae)
        Ordnung: Schnecken mit einer Herzvorkammer (Monotocardia)
          Unterordnung: Mittelschnecken (Mesogastropoda)
            Familie: Wendeltreppen (Epitoniidae)
            Familie: Hufschnecken (Hipponicidae)
            Familie: Pantoffel- oder Haubenschnecken (Calyptraeidae)
            Familie: Lastträgerschnecken (Xenophoridae)
            Familie: Flügel-, Spinnen- oder Fingerschnecken (Stromhidae)
            Familie: Pelikanfüße (Aporrhaidae)
            Familie: Nabelschnecken (Natricidae)
            Familie: Scheidewegschnecken (Triviidae)
            Familie: Porzellan- oder Kaurischnecken (Cypraeidae)
            Familie: Tonnenschnecken (Tonnidae)
            Familie: Helmschnecken (Cassidae)
            Familie: Feigenschnecken (Ficidae)
            Familie: Tritonshörner (Cymatiidae)
          Unterordnung: Neuschnecken (Neogastropoda)
            Familie: Stachelschnecken (Muricidae)
            Familie: Purpurschnecken (Thaididae)
            Familie: Korallenschnecken (Coralliophilidae)
            Familie: Pagodenschnecken (Columbariidae)
            Familie: Wellhornschnecken (Buccinidae)
            Familie: Tulpen-, Band- und Spindelschnecken (Fasciolariidae)
            Familie: Kronen-, Riesen-, Treppenschnecken (Melongenidae)
            Familie: Walzenschnecken (Volutidae)
            Familie: Harfenschnecken (Harpidae)
            Familie: Randschnecken (Marginellidae)
            Familie: Olivenschnecken (Olividae)
            Familie: Vasenschnecken (Vasidae)
            Familie: Kegelschnecken (Conidae)
            Familie: Bohrer- oder Schraubenschnecken (Terebridae)
            Familie: Turmschnecken (Turridae)

    Unterklasse: Geradnervige Schnecken (Euthyneura)
      Überordnung: Hinterkiemerschnecken (Opisthobranchia)
        Ordnung: Kerbbandschnecken (Entomotaeniata)
          Familie: (Pyramidellidae)
        Ordnung: Kopfschildschnecken (Cephalaspidea)
          Familie: (Acteonidae)
        Ordnung: (Anaspidea)
          Unterordnung: (Aplysiomorpha)
            Familie: Seehasen (Aplysiidae)
        Ordnung: Sack- oder Schlauchschnecken (Saccoglossa)
          Unterordnung: (Elysiacea)
            Familie: Blattschnecken (Placobranchidae)
        Ordnung: Nacktkiemer-Schnecken (Nudibranchiata)
          Unterordnung: (Eudoridacea)
            Familie: (Hexabranchidae)
      Überordnung: Lungenschnecken (Pulmonata)
        Ordnung: Wasserlungenschnecken (Basommatophora)
        Ordnung: Landlungenschnecken (Stylommatophora)
  Klasse: KAHNFÜSSER (Scaphopoda) ca. 350 Arten
  Klasse: MUSCHELN (Bivalvia) ca. 20 000 Arten
    Ordnung: Kamm- oder Fiederkiemer (Protobranchiata)
    Ordnung: Fadenkiemer (Filibranchiata)
      Unterordnung: (Anisomyaria)
        Familie: Miesmuscheln (Mytilidae)
        Familie: Perlmuscheln (Pteriidae)
        Familie: Kammuscheln (Pectinidae)
        Familie: Klappmuscheln oder Stachelaustern (Spondylidae)
        Familie: Feilenmuscheln (Limidae)
        Familie: Austern (Ostreidae)
    Ordnung: Blatt- oder Lamellenkiemer (Eulamellibranchiata)
      Unterordnung: Gespaltenzähnige Muscheln (Schizodonta)
        Familie: Fluß- oder Seemuscheln (Unionida)
        Familie: Flußperlmuscheln (Margaritiferidae)
      Unterordnung: Verschiedenzähnige Muscheln (Heterodonta)
        Familie: Trapezmuscheln (Carditidae)
        Familie: Zungenmuscheln (Glossidae)
        Familie: Herzmuscheln (Cardiidae)
        Familie: Riesenmuscheln (Tridacnidae)
        Familie: Venusmuscheln (Veneridae)
        Familie: Dreieckmuscheln (Donacidae)
      Unterordnung: (Adapedonta)
        Familie: Scheiden- oder Messermuscheln (Solenidae)
        Familie: Trogmuscheln (Mactridae)
        Familie: Bohrmuscheln (Pholadidae)
        Familie: Schiffsbohrwurm (Teredinidae)
  Klasse: KOPFFÜSSER (Cephalopoda) ca. 730 Arten
    Unterklasse: Perlboote (Nautiloidea)
    Unterklasse: (Coleoidea)
      Ordnung: Tintenfische (Sepioidea)
      Ordnung: Kalmare (Tellthoidea)
      Ordnung: Kraken im weiteren Sinn (Octopoda)
        Familie: Papierboote (Argonautidae)
        Familie: Kraken im engeren Sinn (Octopodidae)

Bücher zum Thema Weichtiere mit weiterführender Literatur:

ABBOTT, R. T. & DANCE, S. P., Compendium of Seashells. A Color Guide to more than 4 200 of the World's Marine Shells, American Malacologists, Inc., Melbourne, Florida, 1986 (3.Aufl.); DANCE, P. (Hrsg.) Dt. Bearb. Rudo von COSEL, Das große Buch der Meeresmuscheln, Schnecken und Muscheln der Weltmeere, Eugen Ulmer Verlag, Stuttgart, 1977; GÖTTING, K.-J., Malakozoologie, Grundriß der Weichtierkunde, G. Fischer Verlag, Stuttgart, 1974; KAESTNER (Hrsg.), Lehrbuch der Speziellen Zooloqie, Bd. I, Wirbellose, 1. Teil, Mollusca S. 312-451, G. Fischer Verlag, Stuttgart, 1969 (3. Aufl.); LINDNER, G., BLV Bestimmungsbuch, Muscheln und Schnecken der Weltmeere, Aussehen, Vorkommen, Systematik, BLV Verlagsgesellschaft, München, 1975 (2.Aufl.).

Weitere Informationen können bei wissenschaftlichen Gesellschaften und Sammlerclubs eingeholt werden. Für den deutschsprachigen Raum sind dies:
Deutsche Malakozoologische Gesellschaft, Senckenberganlage 25, 6000 Frankfurt a.M.
Club Conchylia, H.-J. Niederhöfer & Dr. A. Alf, Staatliches Museum für Naturkunde Stuttgart, Rosenstein 1, 7000 Stuttgart 1.

Register der wissenschaftlichen Namen

Acteon eloisae, 100
Aequipecten species, 110
Afrivoluta pringlei, 85
Altivasum flindersi, 104
Amoria canaliculata, 106, 116
Ancillista velesiana, 113
Ancistrolepis grammatus, 148
Angaria
    delphinus Form melanacantha, 121;
    sphaerula, 131; vicdani, 121
Antisabia antiquata, 51
Aporrhais
    pesgallinae, 80; pespelecani, 73
Argonauta argo, 82, 83
Argopecten gibbus, 36
Astraea phoebia, 51
Bolma girgylus, 109, 131
Busycon contrarium, 52
Cabestana dolarium, 80
Calliostoma
    annulatum, 23; springeri, 57
Callista erycina, 139
Cardita crassicosta, 110
Cardium indicum, 67
Ceratostoma
    burnetti, 138; foliatum, 27
Charonia
    tritonis, 101; variegata, 40
Chicoreus
    cornucervi, 113; palmarosae, 99; saulii, 132;
    spectrum, 62
Chione latilirata, 38
Chiton tuberculatus, 18
Chromodoris species, 126
Conus
    dusaveli, 149; nobilis Unterart victor, 92
Crucibulum spinosum, 26
Ctenoides scabra, 63
Cymatium
    cutaceum, 70; femorale, 53; lotorium, 92;
    nicobaricum, 33; pileare, 46
Cymbiola aulica, 129
Cyphoma gibbosum, 59
Cypraea
    annulus, 95; aurantia, 128; fultoni, 87; guttata,
    128; moneta, 95; tigris, 125
Distorsio clathrata, 46
Donax variabilis, 18
Drupa
    grossularia, 155; morum, 155
Epitonium scalare, 112
Fasciolaria
    gigantea, 19; lilium Unterart hunteria, 45;
    tulipa, 49
Festilyra festiva, 36
Ficus communis, 44
Fissurella volcano, 22
Fusitriton oregonensis, 25
Gelagna succincta, 99
Glossus humanus, 66
Guildfordia yoka, 149
Haliotis species, 78
Harpa
    amouretta, 152; costata, 98; major, 123
Hippopus hippopus, 117
Japelion pericochlion, 139
Lambis
    chiragra, 96; crocata, 154; lambis, 101;
    violacea, 91
Latiaxis
    mawae, 141; pagodus, 140, 148
Latirus cariniferus, 57
Lima lima, 91
Lioconcha castrensis, 127
Lopha cristagalli, 97
Lyria cloveriane, 93
Lyropecten nodosus, 38, 39
Melo umbilicata, 111
Melongena
    corona, 34; melongena, 59

Murex pecten, 124
Natica vitellus, 87
Nautilus
    pompilius, 133; scrobiculatus, 19
Neptunea lyrata Unterart decemcostata, 43
Neptuneopsis gilchristi, 76
Nerita
    peloronta, 60; versicolor, 48
Neritina virginea, 32; waigiensis, 118-119
Norrisia norrisi, 23
Ocenebra poulsoni, 22
Paramoria guntheri, 104
Patella longicosta, 87
Pecten maximus, 70
Phalium flammiferum, 142
Phasianella australis, 101
Pleurotomaria
    africana, 85, 144; charlestonensis, 58;
    rumphii, 143; vicdani, 145
Pollia fragaria, 98
Pyramidella dolabrata, 62
Pteropurpura trialata, 29
Pterynotus
    loebbeckei, 130; Unterart miyokae, 125
Ringicardium hians, 67
Scaphella junonia, 35
Siratus
    alabaster, 137; beauii, 32
Smaragdia viridis, 53
Spisula solidissima, 47
Spondylus americanus, 33
Strombus
    alatus, 37; gigas, 50
Terebra taurina, 52
Thatcheria mirabilis, 144
Tibia
    fusus, 146; martinii, 122
Tonicella lineata, 26
Tonna
    dolium, 91; galea, 70; maculosa, 37;
    tessellata, 112
Tridachia crispata, 58
Tridacna squamosa, 93
Trivia californiana, 25
Turbinella angulata, 61
Turbo
    sarmaticus, 81; species, 79, 133
Vasumtubiferum, 130
Voluta musica, 63
Volutoconus bednalli, 107
Xenophora pallidula, 147

Register der deutschen Namen

Blasenschnecke Eloise's, 100
Blattschnecke Kopfsalat-, 58
Blitzschnecke, 52
Bohrerschnecke Geflammte, 52
Delphinschnecke
    Kaiser-, 121; Kiener-, 131; Victor-Dans-, 121
Distorsio Atlantische, 46
Dreieckmuschel, 18
Fasanenschnecke, 101
Faßschnecke
    112, Atlantische Rebhuhn-, 37; Gefleckte, 91;
    Große, 70
Fechterschnecke Florida-, 37
Feigenschnecke Gemeine, 44
Feilenmuschel
    Rauhe, 63; Stachelige, 41
Fingerschnecke Chiragra-, 96
Flamingozunge, 59
Geldkauri, 95
Goldringkauri, 95
Hahnenkammauster, 97
Harfenschnecke
    152; Gemeine, 123; Kaiser-, 98
Helmschnecke Gestreifte, 142
Herzmuschel Klaffende, 67
Hufschnecke Weiße, 51

Käferschnecke
    Linierte Rote, 26; Westindische, 18
Kammuschel
    19, 110; Kattun-, 36; Löwenpfoten-, 38
Kaurischnecke, 95
Kegelschnecke
    Du-Savel-, 149; Victor-, 92
Kerbbandschnecke Dolabrata-, 62
Königskrone, 34
Korallenschnecke
    Mawe-, 141; Pagoden-, 140, 148
Kreiselschnecke Norris-, 23
Kronenschnecke
    Gemeine, 34; Karibische, 59
Lampenschnecke Karibische, 61
Lastträgerschnecke, 147
Lochschnecke Vulkan-, 22
Meerohr, 78
Menschenherz, 66
Mondschnecke, 87
Nacktkiemer-Schnecke, 126
Napfschnecke Langrippige, 87
Ochsenherz, 66
Olivenschnecke, 18
Pantoffelschnecke Stachelige, 26
Papierboot, 82, 83
Pelikanfuß
    Afrikanischer, 80; Gemeiner, 73
Perlboot
    Gemeines, 133; Genabeltes, 19
Pilgermuschel Große, 70
Pferdehufmuschel, 117
Porzellanschnecke
    95, 125; Fultons-, 87; Goldene, 128;
    Weißgepunktete, 128
Purpurschnecke Orangemündige Pazifische, 155
Purpurstachelschnecke Blattartige, 27
Randschnecke Pringles-, 85
Riesenflügelschnecke Rosafarbene, 50
Riesenmuschel Faltenbesetzte, 93
Riesenschnecke Gemeine, 34
Sammlerschnecke, 147
Schlitzbandschnecke
    Afrikanische, 85; Charleston-, 58; Rumphius-,
    143; Teramachi-, 144; Victor-Dan-, 145
Schraubenschnecke Geflammte, 52
Schwimmschnecke
    32, 48; Blutende Zahn-, 60; Emerald-, 53;
    Philippinische, 118-119
Spindelschnecke
    Florida-, 19; Gemeine, 146 ; Martins-, 122
Spinnenschnecke
    Chiragra- 96; Gemeine, 101; Orange, 154;
    Violette, 91
Spitzkreiselschnecke Geringelte, 23; Springers-,
    57
Stachelauster Amerikanische, 33
Stachelschnecke
    113, 124, 125; Alabaster-, 137; Beaus, 32;
    Burnett-, 138; Dreiflügelige, 29; Loebbeckes-,
    130; Rosaästige, 99; Sauls-, 132; Spektral-, 62
Sternschnecke
    108, 149; Girgyllus-, 131; Langstachelige, 51
Trapezmuschel Australische, 110
Treppenschnecke Gemeine, 34
Tritonshorn
    Atlantisches, 40; Atlantisches Haariges, 46;
    Eckiges, 33; Europäisches 70; Goldmündiges
    Haariges, 33; Kleines Gegürteltes, 99;
    Knotiges Afrikanisches, 80; Oregon-, 25;
    Pazifisches, 101; Poulsons-Zwerg-, 22;
    Schwarzgeflecktes, 92
Trivia Kalifornische, 25
Trogmuschel Atlantische, 47
Tulpenschnecke
    Echte, 49; Gebänderte, 45; Trochlear-Latirus-,
    57
Turbanschnecke
    79, 133; Südafrikanische, 81
Turmschnecke Wunderbare Japanische, 144
Vasenschnecke
    Flinders-, 104; Kaiser-, 130
Venuskamm, 124

Venusmuschel
    127; Kaiser-, 38, 39; Rote, 139
Walzenschnecke
    86; Bednalls-, 107; Clovers, 93; Fürstliche,
    129; Gefurchte, 106, 116; Gilchrist-, 76;
    Gunther-, 104; Musik-, 63; Junonia, 35;
    Schöpfkellen-, 111
Wellhornschnecke
    139, 148; Erdbeeer-, 98; Neuengland, 43
Wendeltreppe Echte, 112

Fotografenindex

SEITE 17,The Image Bank/James H.
Carmichael, Jr.; 18 oben, James H.
Carmichael, Jr.; 18 unten, 19 oben, The
Image Bank/James H. Carmichael, Jr.;
19 unten, R. Tucker, Abbott; 20-23,
The Image Bank/James H. Carmichael, Jr.;
24, The Image Bank/Hans Wendler;
25-27, The Image Bank/James H.
Carmichael, Jr.; 28, The Image
Bank/Dan Landwehrle; 29-32, 33 oben,
The Image Bank/James H. Carmichael,
Jr.; 33 unten, R. Tucker Abbott;
34-41,The Image Bank/James H.
Carmichael, Jr.; 42, The Image
Bank/Nick Nicholson; 43-46 The Image
Bank/James H. Carmichael, Jr.; 47, R.
Tucker Abbott; 48-55, The Image
Bank/James H. Carmichael, Jr.; 56,
The Image Bank/David W. Hamilton;
57, 58 oben, The Image Bank/James H.
Carmichael, Jr.; 58 unten, 59 oben, R.
Tucker Abbott; 60-63, 63 oben, The
Image Bank/James H. Carmichael, Jr.,
63 unten, R. Tucker Abbott; 64-67,
The Image Bank/James H. Carmichael,
Jr.; 68-69, The Image Bank/César
Lucas; 70 oben, Alice Denison Barlow;
70 unten, The Image Bank/James H.
Carmichael, Jr.; 71, R. Tucker Abbott;
72, The Image Bank/Luis Castañeda;
73-76, The Image Bank/James H.
Carmichael, Jr.; 77, The Image
Bank/Ernst A. Jahn; 78-81, The Image
Bank/James H. Carmichael, Jr.; 82,
83, Alison Denison Barlow; 84, 85, R.
Tucker Abbott; 86, 87 oben, The Image
Bank/James H. Carmichael, Jr.; 87
unten, James H. Carmichael, Jr.; 88-89,
The Image Bank/James H. Carmichael,
Jr.; 90, The Image Bank/Zao
Audebert; 91-93, The Image Bank/James
H. Carmichael, Jr.; 94, The Image
Bank/Gerard Champlong; 95-103, The
Image Bank/James H. Carmichael, Jr.;
104 oben & unten links, The Image
Bank/James H. Carmichael, Jr.;
104-105, The Image Bank/John William
Banagan; 106, R. Tucker Abbott; 107,
The Image Bank/James H. Carmichael,
Jr.; 108, R. Tucker Abbott; 109-112,
113, The Image Bank/James H.
Carmichael, Jr.; 114-115, The Image
Bank/Guido Alberto Rossi, Jr.; 116-119,
The Image Bank/James H. Carmichael,
Jr.; 120, The Image Bank/Jurgen Schmitt;
121-123, The Image Bank/James H.
Carmichael, Jr.; 124 oben, Don M. Byrne;
124 unten, 125-135, The Image
Bank/James H. Carmichael, Jr.; 136, The
Image Bank/Masahiro Kobayashi;
137-152, The Image Bank/James H.
Carmichael, Jr.; 153, The Image
Bank/Gill C. Kenny; 154, James H.
Carmichael, Jr.; 155, The Image
Bank/James H. Carmichael, Jr.; 156-157,
The Image Bank/Jurgen Schmitt; 158,
The Image Bank/Murray Alcossen.